朝日屋ベーカリーの
四季の天然酵母パン

ぶどう酵母でつくる、もっちりやわらか、体にやさしいナチュラルパン

朝日屋ベーカリー

はじめに

朝日屋ベーカリーへようこそ

朝日屋ベーカリーは、東京・調布市にある自家製酵母パンのお店です。
一日の始まりに、おいしいパンを食べて元気に過ごしてもらいたい……、
そんな願いをこめてパンを焼いています。

お店のパンやお菓子は天然酵母と良質な素材で作ったナチュラルなもの、
カフェメニューは旬の野菜を使った料理が中心です。

この本では、朝日屋ベーカリーでお出ししているパンや料理を、
家庭でも作れるレシピにアレンジしてまとめました。
天然酵母ならではの風味と四季折々の食材が持つ味わいは、きっと心と体を満たしてくれるはず。
あまり難しく考えず、気楽な気持ちでパン作りを楽しんでください。

CONTENTS

はじめに ― 2
基本の材料 ― 6
基本の道具 ― 8
基本の酵母液を作る ― 10
基本のパンを作る ― 12

春 Spring

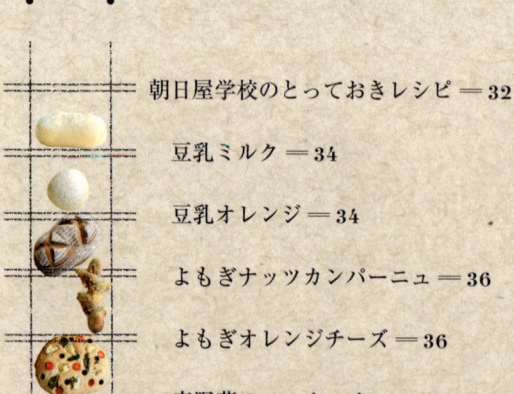

まるお ― 20
チョコタ ― 22
コッペパン おひさまクリームサンド ― 24
くるくるロールパン ― 26
　キャラメルナッツロール／
　クランベリークリチロール／
　オレンジクリチロール／
　シナモンロール
キャラメルバナナ食パン ― 30

朝日屋学校のとっておきレシピ ― 32
　豆乳ミルク ― 34
　豆乳オレンジ ― 34
　よもぎナッツカンパーニュ ― 36
　よもぎオレンジチーズ ― 36
　春野菜のフォカッチャ ― 38

夏 Summer

プレーンベーグル ― 42
チーズベーグル ― 44
豆乳プリン ― 46
野菜のディップ ― 48
　なす／カリフラワー／トマト
ごろごろ野菜と酵母トマトソースの
　チーズ焼き／マリネ3種 ― 50
かぼちゃの豆乳ポタージュ ― 54
ひよこ豆のハンバーグ ― 56
酵母チキン ― 58

秋
Autumn

ぶどう生地の作り方 = 62

クランベリー生地の作り方 = 63

黒糖レーズン = 64

くるみレーズン = 64

レーズンレーズン = 66

りんごパン = 66

チョコベリー = 68

クリチクランベリー = 70

フルーツパーティー = 71

朝日屋のたまごボーロ = 72

全粒粉のがりんがりん = 74

酵母のスパイスりんごケーキ = 76

白サワー種の作り方

酵母のマドレーヌ = 80

オレンジブリオッシュ = 82

おひさまの下で味わう
朝日屋ベーカリーの特別メニュー = 84

酵母のみそ蒸しパン = 85

酵母のフライパンケーキ = 86

根菜の豆乳シチューと
ライ麦スティックパン = 87

冬
Winter

ライ麦酵母のカンパーニュ = 90

ライ麦酵母の作り方

ライ麦マフィン = 94

あんずクリームチーズ = 96

いちじくのぶどう煮 = 96

いちじくとくるみ = 98

豆乳ブラウニー = 100

チョコみそマフィン = 102

ライ麦のタルト = 104

かぼちゃ／グリンピース／

チョコ／いちじく

ジンジャーシロップ = 108

ソイジンジャー = 108

おわりに = 110

本書の使い方

● 本書で紹介しているパンは、朝日屋ベーカリーの商品を家庭向けにアレンジしたレシピです。できるだけお店の味に近いものを再現できるように考えたレシピですので、あらかじめご了承ください。

● レシピの大さじ1は15㎖、小さじ1は5㎖です。

● バターはすべて無塩バターで、室温に戻してから使っています。

● 材料の分量は、ベーカーズパーセントをもとにしたg表記で掲載しています。

● オーブンの熱源、機種によって焼成の温度や時間が異なるため、様子を見ながら調整してください。また、家庭用のオーブンは扉の開閉時に温度が下がりやすいので、予熱が終了しても長めにオーブンをあたためるとよいでしょう。

● 酵母液やパン生地の発酵時間・日数は、季節や室温によって異なります。本書の写真の状態などを目安に、様子を見ながら調整してください。

基本の材料

パン作りを始める前に準備しておきたい基本の材料を紹介します。パンの材料は粉類、塩、砂糖……とシンプルなので、できるだけオーガニックで自然なものを選ぶとよいでしょう。

主材料

強力粉

パン生地の基本となる粉です。さまざまな種類がありますが、この本では吸水性が高く、もっちりした食感になる「春よ恋」という種類を使用しています。

全粒粉

小麦をそのまま石臼で挽いた、茶褐色の小麦粉。通常のものよりもビタミンや繊維質を多く含み、小麦本来の素朴な風味があります。

レーズン

酵母液を作るためのレーズンは、ノンオイルコーティングで、できるだけ新鮮なものを選びます。パンの具として使うレーズンも同じものでOK。

ライ麦粉

独特の香りと風味があり、ライ麦粉のパンはしっかりした味と食感に焼き上がるのが特徴。この本では、ライ麦酵母やお菓子の材料に使っています。

塩

加熱処理されていない天然塩がお勧め。いろいろな種類がありますが、塩辛いだけでなく、素材の甘みを引き出してくれるものがよいでしょう。

きび砂糖

砂糖は精製されていない自然なものがベスト。きび砂糖はミネラル分が多く、甘さもまろやかでパンにもお菓子にもよく合います。

> 副材料

豆乳
銘柄は問いませんが、有機大豆を使った自然なもので成分無調整タイプがおすすめ。大豆のほのかな風味が味わえます。

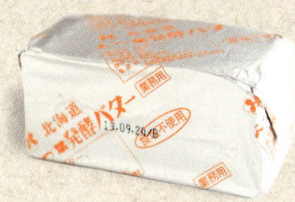

発酵バター
パンやお菓子作りに使うバターは食塩不使用が基本。クリームを乳酸発酵させたバターは、普通のタイプと比べて香り高いのが特徴です。

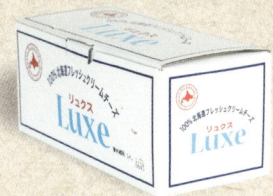

クリームチーズ
パンにも料理にも大活躍のクリームチーズは、北海道の生乳100％のものを使用しています。口どけがよく、クリーミーな味わいです。

スプレーオイル
型にオイルを塗るときに使うスプレー式のクッキングオイル。まんべんなく吹き付けられ、手も汚れないので1本あると便利です。

モラセス（糖蜜）
サトウキビなどを精製するときにできる茶褐色の液体で砂糖代わりに使いますが、はちみつで代用しても◎。製パン材料店などで購入できます。

ホシノ天然酵母
米由来の酵母を麹や水で育てた天然酵母。手軽に使え、熟成されたうま味のあるパンが焼き上がります。

フレーバー類
食材を乾燥させて粉末状にしたものや紅茶などの茶葉は、パン生地やお菓子に練りこみます。お好みのものを揃えておくとよいでしょう。

基本の道具

ここでは、パン作りに欠かせない道具を紹介します。パン作りならではの道具以外は、家庭にあるもので代用してもOK。少しずつ揃えてみてください。

保存びん
酵母液や酵母をおこす保存びんは、透明で密閉できるものが基本。1ℓ以上の大きめサイズを用意すると安心です。

スケール（計量器）
材料をきちんと量るための必須アイテム。デジタル式で1g単位で量れるタイプが便利なので、ひとつは持っておきましょう。

霧吹き
生地をこねているときや発酵前などに、生地が乾燥しないように霧吹きを使います。細かい霧が出るタイプがお勧めです。

一斤型
食パンを作るときに使う型。この本では長さ18cm×幅10cm×高さ9cmの型を使用。ふた付きのタイプもあります。

マフィン型
マフィンを作るのはもちろん、この本ではロールパン（P26）にも使っています。いろいろなサイズが揃っています。

スケッパー
生地を分割したり、スムーズに取り上げたりするときに使用。パン作りでは必ず使うので、自分の手にしっくりくるものを選んで。

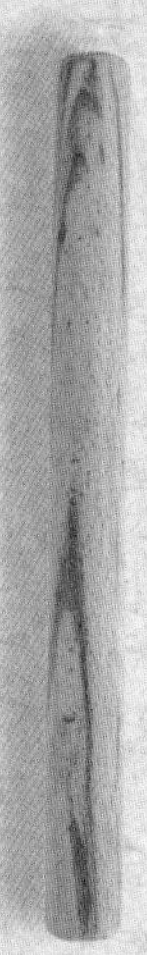

麺棒
生地を伸ばすときに使います。ロールパンやカンパーニュなど、生地を大きく均等に伸ばすときは長めの麺棒が便利です。

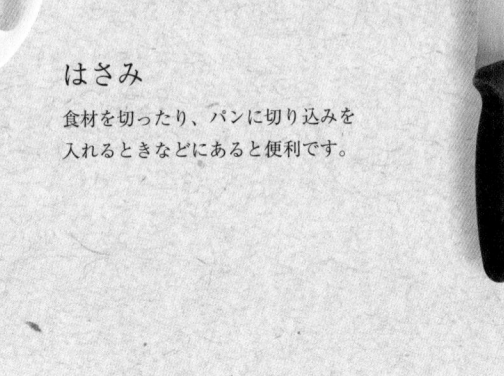

はさみ
食材を切ったり、パンに切り込みを入れるときなどにあると便利です。

クープ用ナイフ
パン生地に切り込み（クープ）を入れるときには小ぶりのナイフを使います。パン専用のクープナイフを使ってもOK。

はけ
生地に卵や豆乳などを塗るときに使用します。また、生地についた余分な粉を払うときにも使えます。

基本の酵母液を作る

まずは、パンの要となる酵母液作りからスタート。ここでは手軽にできるぶどう酵母の作り方を紹介します。季節によって完成時間は異なりますが、レーズンがぷくぷく元気に泡立ってくればでき上がり。気長に待って、自分だけの酵母を育てましょう。

ぶどう酵母

材料

レーズン ＝ 250g
水 ＝ 500ml

【下準備】

密閉式のガラスびん（1〜1.5ℓ）を用意し、煮沸消毒して自然乾燥させる。

作り方

1 びんにレーズンをほぐしながら入れる。水を加え、ふたをしめる。

レーズンはノンオイルコーティングで新鮮なものを選びます。

2 びんをふってレーズンと水をよく混ぜる。あたたかい場所におく。

発酵が進みやすい温度は28℃前後です。冷蔵庫の上や電気ポットの近くなどもよいでしょう。

3 びんの中のガスを抜くため、1日1回ふたをあける。レーズンが浮き、水がレーズンの色を含んで茶色くなってくる(a)。

4 3〜7日後、レーズンが完全に浮き上がり、まわりに泡ができたら酵母液の完成(b)。

酵母液をすぐ使わないときは冷蔵庫で保存（1週間ほど保存可能）。そのまま常温でおくと発酵が進みすぎて酸っぱくなるので注意しましょう。

5 酵母液をこし(c)、煮沸消毒した保存びんに入れる(d)。

a 1日目は底に沈んでいたレーズンが浮いて、日ごとに水の色が濃くなってくる。

b 完成。ふたをあけるとパフッと空気の抜ける音がし、フルーティーな香りがする。

c 茶こしを使って液だけ残し、レーズンは捨てる。茶こしも熱湯消毒しておくと安心。

d 酵母エキスはオレンジがかった茶色。そのまま飲んでも十分おいしい甘みと香りがする。

基本のパンを作る

酵母液が完成したら、基本の山形食パンを焼いてみましょう。"しっかり生地をこねて、きちんと発酵させて焼く"というパン作りの基本がつまっています。当たり前の工程ですが、ひとつひとつを丁寧にやることで、きれいな山形に焼き上がります。

山形食パン

材料（18 × 10 ×高さ9cmの一斤型）

強力粉 ＝ 300g
水 ＝ 120g
酵母液 ＝ 60g
きび砂糖 ＝ 15g
塩 ＝ 4.5g

作り方

1 ボウルに水、酵母液、きび砂糖、塩を入れ、ゴムべらで混ぜる (a)。

2 別のボウルに強力粉を入れ、1 を加えてざっくりと混ぜる (b)。

3 生地がひとつにまとまってきたら台に取り出す (c)。

生地はまだボソボソした状態です。

4 生地を前後に引き伸ばしながらこね (d)、まとまってきたら手のつけ根で押すようにしてこねる (e)。

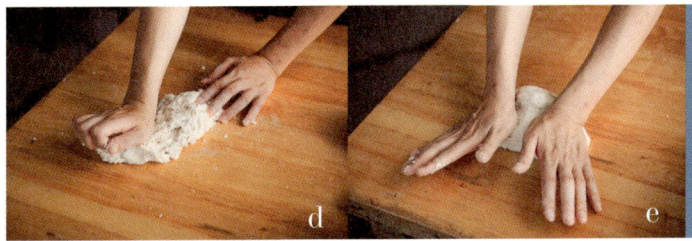

はじめは生地を伸ばすようにしながらこね、徐々に負荷をかけて両手でこねていきます。

5 生地がなめらかになるまで6〜7分ほどこね、薄く伸ばしたときに網状の膜ができたらこね上がり (f)。

生地が切れてしまう場合は、こねが足りない状態です。こねが足りないまま焼くと固いパンになるので、生地が薄くきれいに伸びるまでしっかりこねましょう。

6 ボウルに生地を入れ、かたく絞った濡れぶきんをかける。乾燥しないようにビニール袋などに入れ (g)、あたたかい場所に7〜8時間おく（1次発酵）。生地の大きさが2倍くらいになったら1次発酵終了 (h)。

時間があるときは冷蔵庫で2〜3日ほど冷蔵発酵するのがお勧め。長時間発酵するとうま味成分が出ておいしくなります。

7 生地をそっと取り出し、スケッパーで2分割（ひとつ約250g）する (i)。

8 生地をやさしく丸め、乾燥しないように濡れぶきんをかけて15分ほどベンチタイム をとる (j)。

ベンチタイムとは……
カットした生地を休ませるための時間。生地がやわらかくなり、成形しやすくなります。

9 麺棒で生地を長方形（20cm×25cm程度）に伸ばし (k)、型に入る幅になるように3つ折りにする (l)。

10 手前から生地を巻き (m)、巻き終わりをぎゅっとつまんでとじる (n)。もうひとつの生地も同様に巻く。

11 型にオーブンシートを敷き、とじ目を下にして生地を入れる (o)。1次発酵と同様に、あたたかい場所に1時間半〜2時間半おく（2次発酵）。

表面が乾かないように型ごとビニール袋に入れるか、シャワーキャップをかぶせましょう。型紙の作り方はP 17参照。

12 型から生地が1cmほどはみ出す大きさになったら2次発酵終了(p)。

型紙が型から浮いてくるので、オーブンに入れる前に四隅をギュッと押さえます。

13 150℃に予熱したオーブンで15分焼き、温度を180℃に上げて10分、さらに200℃にして5分焼く(q)。

14 焼き上がったら型ごと台に打ち付け(r)、パンを取り出す(s)。

【型紙の作り方】

1 一斤型をさかさまに置き、オーブンシートをかぶせて型の大きさに切る。

2 型の底面に沿って、しっかり折り目をつける。

3 オーブンシートにつけた型の位置に合わせて、4か所切り込みを入れる。

4 切り込み部分を折り込みながら、オーブンシートを敷く。

完成

型紙は3～4回使えるので、一度で捨てずに活用しましょう。

春
Spring

さわやかな風が吹き、
若草のにおいを感じる春は始まりの季節。
春のパンは、ワクワクする気持ちにぴったりの、
甘くてやさしい味がいっぱいです。
新しい出会いに顔がほころぶような、
食べると自然と笑顔になるパンを作りましょう。

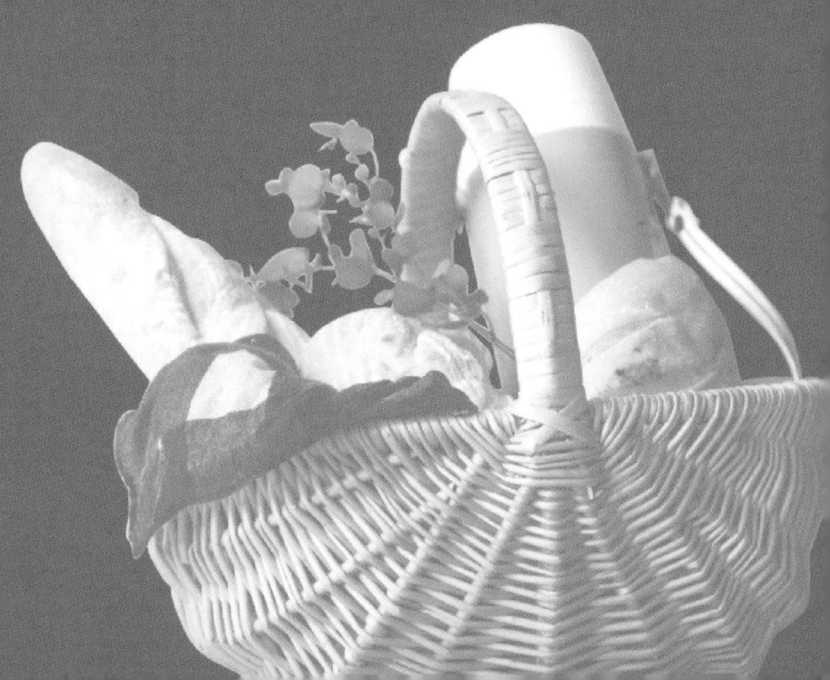

素朴でシンプルながら粉の風味が力強く感じられる、まんまるのキュートなプチパン。
"まるお"という名前もお気に入りです。

まるお

材料（5個分）

強力粉 ＝ 300g
水 ＝ 120g
酵母液 ＝ 60g
きび砂糖 ＝ 15g
塩 ＝ 4.5g

作り方

1 　基本の山形食パン (P12) の 1 〜 6 と同様にして生地を作り、1次発酵させる。

2 　生地を取り出し、スケッパーで5分割（ひとつ約100g）する。濡れぶきんをかけ、15分ほどベンチタイムをとる。

3 　生地を丸くひろげ、2つ折りにし (a)、さらに2つに折って扇形にする (b)。

4 　端と端をつまみ、生地の表面を張るようにして折り込みながら丸め (c)、とじ目をつまんでとじる (d)。

5 　オーブンシートを敷いた天板にとじ目を下にして並べる。濡れぶきんをかけて (e) 天板ごとビニール袋に入れ、あたたかい場所において2次発酵させる。

6 　生地が2倍の大きさになったら、200℃に予熱したオーブンで12分焼く。

生地はふくらむので必ず間隔をあけて並べます。また、表面が乾かないようにかたく絞った濡れぶきんをかけてビニール袋に入れるか、少し予熱して電源を切ったオーブンに入れて発酵させてもOK。冬は熱湯を入れたコップを近くにおくのも効果的。

生地があまったら、ひと口サイズにして焼いてもかわいい。お店ではまるおのおまけとして愛されています。

お焼きのような平べったい生地の中にはチョコがぎっしり！　男性にも人気のある定番のパンです。焼きたてはチョコがとろ〜り、冷めてもおいしくいただけます。

チョコタ

🔹 材料（6個分）

強力粉 ＝ 300g
水 ＝ 120g
酵母液 ＝ 60g
きび砂糖 ＝ 15g
塩 ＝ 4.5g
チョコチップ ＝ 30g

🔹 作り方

1 基本の山形食パン (P12) の 1 〜 6 と同様にして生地を作り、1 次発酵させる。

2 生地を取り出し、スケッパーで 6 分割 (ひとつ約 80g) する。濡れぶきんをかけ、15 分ほどベンチタイムをとる。

3 生地の真ん中を厚めにして菱形にひろげ (a)、チョコチップをのせる。

4 チョコを集めるようにして生地を持ち上げて包み (b)、しっかりととじる (c)。

5 オーブンシートを敷いた天板にとじ目を下にして並べ、濡れぶきんをかけて天板ごとビニール袋に入れ、あたたかい場所において 2 次発酵させる。

6 生地が約 8 cmの大きさになったら天板の隙間に高さ 3 cmほどの金具を置き、オーブンシートをかぶせ (d)、別の天板をのせる (e)。
金具の代わりに缶詰の空き缶を使ってもよい

7 天板で挟んだまま、200℃に予熱したオーブンで 13 分焼く。

コッペパン
おひさまクリームサンド

朝日屋ベーカリーオリジナルのおひさまクリームが主役です。絶妙な甘さのクリームは、どこかなつかしい味わい。ついつい何個も食べてしまう飽きないおいしさです。

材料（7個分）

基本の山形食パン (P12) の材料 ＝ 全量
牛乳（または豆乳）、おひさまクリーム ＝ 各適量

作り方

1 基本の山形食パン (P12) の **1** ～ **6** と同様にして生地を作り、1次発酵させる。

2 生地を取り出し、スケッパーで7分割（ひとつ約70g）する。濡れぶきんをかけ、15分ほどベンチタイムをとる。

3 生地を丸くひろげ、真ん中にむかって上半分と下半分をそれぞれ2つ折りにする(a)。さらに半分に折り、表面を張るように親指で押さえながら折り込み(b)、とじ目をつまんでとじる(c)。

4 オーブンシートを敷いた天板にとじ目を下にして並べ、濡れぶきんをかけて天板ごとビニール袋に入れ、あたたかい場所において2次発酵させる。

5 生地が2倍の大きさになったら、はけで生地の表面に牛乳を塗る(d)。200℃に予熱したオーブンで12分焼く。焼き上がったら真ん中に切り込みを入れ、おひさまクリームをはさむ。

＜おひさまクリーム＞

材料（7個分）
発酵バター ＝ 8g
A
- 卵黄 ＝ 2個分
- 牛乳 ＝ 150ml
- 薄力粉 ＝ 9g
- コーンスターチ ＝ 6g
- きび砂糖 ＝ 30g
- 塩 ＝ ひとつまみ

生クリーム ＝ 200g

作り方

1 カスタードクリームを作る。厚手の平たい鍋にAを入れ、泡だて器でよく混ぜる。

2 中火にかけて混ぜ、沸騰してきたら弱火にして混ぜ続ける。とろみが出たら火を止め、バターを加えて混ぜ合わせたらでき上がり。

3 ホイップした生クリームとカスタードクリームを混ぜ合わせる。

くるくるロールパン

渦巻き状に盛り上がったロールパンは、焼き上がるとひとつひとつ表情が違うのも魅力です。ここで紹介する4種類のほかに、ベーコンなどを入れて食事パンっぽくしてもOK。いろいろな食材で自分好みにアレンジしてみてください。

オレンジクリチロール　　　　　　　　クランベリークリチロール

キャラメルナッツロール　　　　　　シナモンロール

キャラメルナッツロール

濃厚なミルクジャムとくるみの香ばしさが相性抜群。
ミルクジャムはプレーンな山形食パンや
まるお (P20) と一緒に食べても GOOD。

材料（底径5cm×高さ3cmのマフィン型6個分、ほか3種類も同じ）

基本の山形食パン (P12) の材料＝全量
ミルクジャム＝90g
くるみ（ロースト）＝60g

作り方

1 基本の山形食パン (P12) の 1〜6 と同様にして生地を作り、1次発酵させる。

2 生地を取り出し、長方形（25cm×30cm程度）に伸ばす (a)。ミルクジャムを手前と奥側2cmずつあけて全体に塗り、くるみを散らす (b)。

3 手前から巻き、巻き終わりの生地をしっかりとじ (c)、6等分に切る (d)。ベーキングカップを型に敷いてスプレーオイルを吹き付け、生地の断面を上にして入れる (e)。あたたかい場所において2次発酵させる。

4 生地がふくらんだら190℃に予熱したオーブンで11分焼き、210℃に上げて2分焼く。

＜ミルクジャム＞

材料（作りやすい分量）
牛乳＝500ml
生クリーム（乳脂肪分38%）
　＝250ml
グラニュー糖＝250g
塩＝ひとつまみ

作り方
1 厚手の平たい鍋に材料をすべて入れ、強火にかける。沸騰したら、吹きこぼれる直前に火を弱める。

2 材料が落ち着いてきたら、再び強火で沸騰させ、吹きこぼれる直前に火を弱める。これを繰り返し、ジャムが薄い茶色になってとろみがついたら完成。

クランベリークリチロール

クランベリーとクリームチーズの酸味が絶妙で、
食事にもおやつにも合います。
生地から飛び出したクランベリーも愛嬌たっぷり。

材料

基本の山形食パン (P12) の材料 ＝ 全量
クランベリー、クリームチーズ ＝ 各80g

作り方

1. 基本の山形食パン (P12) の **1〜6** と同様にして生地を作り、1次発酵させる。
2. 生地を取り出し、長方形（25cm×30cm程度）に伸ばす。クリームチーズを手前と奥側2cmずつあけて全体に塗り、クランベリーを散らす。
3. 手前から巻き、巻き終わりの生地をしっかりとじ、6等分に切る。ベーキングカップを型に敷いてスプレーオイルを吹き付け、生地の断面を上にして入れる。あたたかい場所において2次発酵させる。
4. 生地がふくらんだら190℃に予熱したオーブンで11分焼き、210℃に上げて2分焼く。

オレンジクリチロール

こちらはオレンジピール＋クリームチーズのコンビ。
オレンジピールがたっぷり入り、クランベリーとはひと味違ったおいしさです。

材料

基本の山形食パン (P12) の材料 ＝ 全量
オレンジピール、クリームチーズ ＝ 各80g

作り方

1. 基本の山形食パン (P12) の **1〜6** と同様にして生地を作り、1次発酵させる。
2. 生地を取り出し、長方形（25cm×30cm程度）に伸ばす。クリームチーズを手前と奥側2cmずつあけて全体に塗り、オレンジピールを散らす。
3. 手前から巻き、巻き終わりの生地をしっかりとじ、6等分に切る。ベーキングカップを型に敷いてスプレーオイルを吹き付け、生地の断面を上にして入れる。あたたかい場所において2次発酵させる。
4. 生地がふくらんだら190℃に予熱したオーブンで11分焼き、210℃に上げて2分焼く。

シナモンロール

人気の高いシナモンロールは、
ラムレーズンを加えてちょっと大人味に。
シナモンのよい香りが食欲をそそります。

材料

基本の山形食パン (P12) の材料 ＝ 全量
シナモンパウダー ＝ 1g
グラニュー糖 ＝ 30g
ラムレーズン ＝ 50g

作り方

1. 基本の山形食パン (P12) の **1〜6** と同様にして生地を作り、1次発酵させる。
2. 生地を取り出し、長方形（25cm×30cm程度）に伸ばす。シナモンパウダーとグラニュー糖を全体にまんべんなくふり、ラムレーズンを散らす。
3. 手前から巻き、巻き終わりの生地をしっかりとじ、6等分に切る。ベーキングカップを型に敷いてスプレーオイルを吹き付け、生地の断面を上にして入れる。あたたかい場所において2次発酵させる。
4. 生地がふくらんだら190℃に予熱したオーブンで11分焼き、210℃に上げて2分焼く。

キャラメルバナナ食パン

基本の山形食パンをアレンジしました。濃厚なミルクジャムに、バナナとくるみの黄金コンビがアクセント。焼きたてはもちろん、冷蔵庫で冷やして食べてもおいしい！

材料（18 × 10 ×高さ9cmの一斤型）

基本の山形食パン (P12) の材料 ＝ 全量
バナナ ＝ 1本
くるみ ＝ 60g
ミルクジャム (P28) ＝ 40g

作り方

1. 基本の山形食パン (P12) の **1 ～ 6** と同様にして生地を作り、1次発酵させる。

2. 生地を取り出し、スケッパーで4分割（ひとつ約125g）する。濡れぶきんをかけ、15分ほどベンチタイムをとる。

3. 生地をそれぞれ長方形に伸ばす。生地の手前と奥を少しあけてミルクジャムを塗る。半月切りにしたバナナ、くるみを全体に散らす (a)。

4. 手前から巻き (b)、巻き終わりの生地をしっかりとじる。3つ折りにし (c)、生地の渦巻き部分 (d) が型の側面にくるようにして、型紙を敷いた型にとじ目を下にして入れる (e)。

5. あたたかい場所において2次発酵させ、型から生地が1cmほどはみ出す大きさになったら、150℃に予熱したオーブンで15分焼き、180℃に上げて10分、さらに200℃にして5分焼く。

朝日屋学校のとっておきレシピ

　朝日屋ベーカリーでは、家庭でもおいしいパンを楽しめるように「朝日屋学校」というパン教室を開いています。

　この教室を始めるきっかけは、お客様から要望をいただいたことでした。家庭でパンを作るとき、生地のこね方や発酵の見極めが分からず、失敗する方もいらっしゃいます。そこで、実際にお手本を見ながらパン作りのコツを覚え、家庭でもおいしいパンを焼いてほしいという思いで開校しました。

　朝日屋学校では、最初にホシノ天然酵母でのパン作りを学びます。そして、ひと通り学んだら自然酵母を使ったパン作りと少しずつステップアップしていく内容です。はじめは生地の扱い方にとまどっていた生徒さんも、回を重ねるごとに上達していきます。おもしろいなと思うのは、みんなで同じパンを作っても、焼き上がりがひとつひとつ違うところ。不思議と生徒さんの人柄が出た個性的なパンになるのもパン作りの魅力だと思います。

　先日は"朝日屋学校文化祭"と名づけ、生徒さんが焼いたパンをお店で販売しました。みなさん発表会のような感覚で楽しく作っていて、パンが売れたときはとても嬉しそうでした。パン作りそのものや、パンを通しての出会いや楽しさを感じてもらうお手伝いをしていきたいな、と思っています。

朝日屋学校　春のパン

　ここで紹介する5つのパンは、市販されているホシノ天然酵母(P7)を使ったレシピです。酵母液をおこす手間がかからないので、初めての人でも気軽に作れます。ぶどう酵母とは違う味わいを楽しんでください。

1　豆乳ミルク ───────────── P34
2　豆乳オレンジ ──────────── P34
3　よもぎナッツカンパーニュ ─────── P36
4　よもぎオレンジチーズ ───────── P36
5　春野菜のフォカッチャ ───────── P38

朝日屋学校

ホシノ天然酵母を使用し、基本となるパンのこね方や成形の方法について学びます。朝日屋ベーカリーで用意した生地でパンを作り、教室でこねた生地を持ち帰り、自宅で復習できます。詳細はホームページまたはお店にお問い合わせください。
http://asahiya.petit.cc/

豆乳ミルク／豆乳オレンジ

ほんのり甘い豆乳生地は、子どもも食べやすいやわらかさです。シンプルな豆乳ミルクは表面に角のような表情をつけて、もう1種類は豆乳と相性のよいオレンジピールをたっぷり入れて仕上げました。

豆乳ミルク

- 材料（10個分）

  強力粉 ＝ 300g
  水 ＝ 90g
  豆乳（成分無調整）＝ 70g
  きび砂糖 ＝ 12g
  塩 ＝ 4.5g
  太白ごま油 ＝ 15g
  ホシノ天然酵母 ＝ 24g

- 作り方

  1. ボウルに水、豆乳を入れ、砂糖、塩、天然酵母を加えてよく混ぜる。
  2. 別のボウルに強力粉を入れ、1、ごま油を加えてざっくりと混ぜる。
  3. ひとつにまとまってきたら生地を取り出し、台の上で前後に引き伸ばしながらこね、まとまってきたら手のつけ根で6〜7分押しごねする。
  4. 生地がなめらかになったら、ボウルに入れてラップをかけ、あたたかい場所において1次発酵させる（室温25℃で8〜9時間程度）。生地が2〜2.5倍の大きさになったら取り出す。
  5. スケッパーで10分割（ひとつ約50g）し、15分ほどベンチタイムをとる。
  6. 生地を楕円形に伸ばし(a)、手前から巻き(b)、巻き終わりをしっかりととじる。オーブンシートを敷いた天板にとじ目を下にして並べ、あたたかい場所において2次発酵させる。
  7. 2倍の大きさになったら強力粉（分量外）をふり、はさみで3か所切り込みを入れる(c)。150℃に予熱したオーブンで15分焼く。

豆乳オレンジ

- 材料（7個分）

  豆乳ミルクの材料 ＝ 全量
  オレンジピール ＝ 140g

- 作り方

  1. 豆乳ミルクの1〜4と同様にして生地を作り、1次発酵させる。スケッパーで7分割（ひとつ約70g）し、15分ほどベンチタイムをとる。
  2. 生地を丸くひろげ、真ん中にオレンジピールをのせる(d)。2つ折りにし、表面の生地を張るようにして折り込みながら包み(e)、しっかりととじる。
  3. オーブンシートを敷いた天板にとじ目を下にして並べ、あたたかい場所において2次発酵させる。2倍の大きさになったら強力粉（分量外）をふり、150℃に予熱したオーブンで15分焼く。

よもぎナッツカンパーニュ／よもぎオレンジチーズ

春が旬のよもぎを生地に練りこんだ、見た目も香りもさわやかなパンです。カンパーニュは黒ごまとナッツ類がアクセント。エピ（麦の穂）型のオレンジチーズは、中からのぞくオレンジピールが花のように見える楽しい焼き上がりです。

材料（カンパーニュ1個分、よもぎオレンジチーズ3個分）

強力粉＝320g	＜カンパーニュ用＞
石白挽き全粒粉＝80g	黒ごまペースト＝小さじ2
水＝215g	黒糖＝20g
きび砂糖＝8g	ナッツ類（くるみ、ピーカンナッツ、
塩＝6g	カシューナッツなど）＝70g
ホシノ天然酵母＝32g	＜オレンジチーズ用＞
よもぎ粉末＝4g	オレンジピール＝45g
	ダイスチーズ＝15g
	粉チーズ＝適量

作り方

1. ボウルに水を入れ、砂糖、塩、天然酵母を加えてよく混ぜる。

2. 別のボウルに強力粉、全粒粉、よもぎ粉末を入れ、1を加えてざっくり混ぜる。

3. 豆乳ミルク(P34)の3〜4と同様にして生地を作り、1次発酵させる。

4. カンパーニュ用は440g、オレンジチーズ用はひとつ約70g×3個に分割し、15分ほどベンチタイムをとる。

5. カンパーニュ生地は長方形（25cm×17cm程度）に伸ばし、黒ごまペーストを塗り、黒糖をふる。ナッツ類を散らしたら手前から巻き、巻き終わりをしっかりととじる。強力粉（分量外）をふったかごに、とじ目を上にして入れる(a)。

6. オレンジチーズ生地は楕円形に伸ばし、オレンジピールを並べて包み(b)、ダイスチーズも並べて生地の表面が張るように親指で押し込みながら包む(c)。

7. オーブンシートを敷いた天板に5、6をおき、あたたかい場所で2次発酵させる。

8. 生地がひと回り大きくなったら、カンパーニュは天板にひっくり返し、クープを入れる(d)。オレンジチーズははさみを寝かせて切り込みを入れ、生地を左右交互にひろげ(e)、粉チーズをふる。

9. カンパーニュは150℃に予熱したオーブンで15分焼き、180℃に上げて10分、さらに200℃で5分焼く。オレンジチーズは190℃に予熱したオーブンで12分焼く。

ボリューム満点なので大人数で集まるホームパーティーにお勧め。色とりどりの野菜がきれいで見た目も華やか。春は菜の花やブロッコリー、秋は根菜類など、季節の野菜を組み合わせて作ってみてください。

春野菜のフォカッチャ

材料（4人分）

強力粉 ＝240g
石臼挽き全粒粉 ＝60g
水 ＝160g
塩 ＝4.5g
ホシノ天然酵母 ＝24g
野菜類（ブロッコリー、ミニトマト、小松菜、オリーブなどお好みで）＝各適量
オリーブオイル、塩 ＝各適量
＜オイルウォーター＞
水100ml、オリーブオイル大さじ1、塩小さじ2をボウルで混ぜておく

作り方

1 ボウルに水を入れ、塩、天然酵母を加えてよく混ぜる。

2 別のボウルに強力粉、全粒粉を入れ、1を加えてざっくり混ぜる。

3 豆乳ミルク（P34）の3～4と同様にして生地を作り、1次発酵させる。

4 生地をやさしく丸め、15分ほどベンチタイムをとる。オーブンシートを敷いた天板におき、円形（直径約18cm）にひろげる(a)。あたたかい場所で2次発酵させる。

5 生地の高さが2倍になったら、ひと口大に切った野菜類をオイルウォーターにくぐらせ(b)、生地に押し込むようにのせる(c)。

6 210℃に予熱したオーブンで15分焼く。焼き上がったらオリーブオイルを塗り(d)、塩をふる。

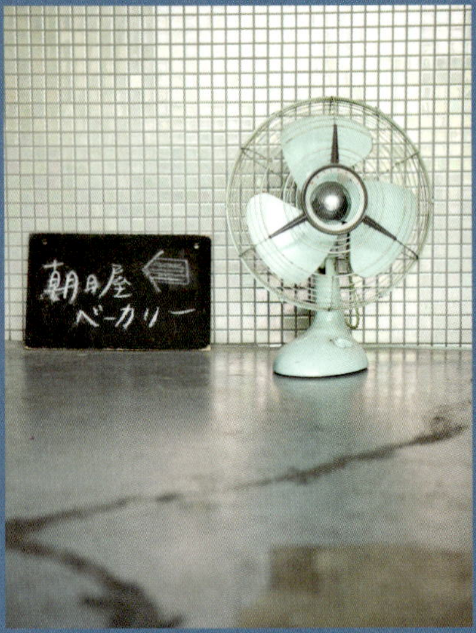
朝日屋
ベーカリー

夏
Summer

太陽の光がまぶしい夏は明るい気分になるけれど、
暑さで疲れやすくなる季節でもあります。
でも、そんなときこそ、しっかり食べて
元気に過ごしましょう。
パンのほかにも、酵母液を使ったスタミナ満点の
料理や、夏野菜たっぷりのサイドメニューを
紹介します。

もっちりした食感がたまらないベーグルパン。お店ではモラセス（糖蜜）入りの熱湯でゆでて風味を加えています。固すぎない生地で、噛むほどに味わい深くなります。

プレーンベーグル

🫘 材料（4個分）

強力粉 ＝ 300g

水 ＝ 90g

酵母液 ＝ 60g

きび砂糖 ＝ 15g

塩 ＝ 4.5g

モラセス（糖蜜）＝ 適量

※はちみつや黒砂糖でもOK

🫘 作り方

1. ボウルに水、酵母液、砂糖、塩を入れて混ぜる。

2. 別のボウルに強力粉を入れ、**1** を加えてざっくり混ぜる。

3. 基本の山形食パン (P12) の **3〜6** と同様にして生地を作り、1次発酵させる。

4. 生地を取り出し、スケッパーで4分割（ひとつ約110g）する。濡れぶきんをかけ、15分ほどベンチタイムをとる。

5. 生地を楕円形に伸ばし(a)、上から巻いて棒状にする(b)。生地の表面がぷりんと張るよう、親指で押さえながら折り込んでいく。

6. 片方の端を平らにする(c)。反対側の端を持って輪にして、平らにした部分で包み、ほどけないようにしっかりととじる(d)。とじ目を下にして、あたたかい場所において2次発酵させる。

7. 鍋に湯を沸かし、モラセスを入れる。生地を入れ、片面20秒ずつゆでる(e)。

8. オーブンシートを敷いた天板にとじ目を下にして並べ、190℃に予熱したオーブンで18分焼く。

糖分を加えた熱湯でゆでると、生地の表面にツヤが出ます。また、ベーグルは焼く前にゆでる（ケトリング）ことでぷりっとした食感に仕上がります。

プレーンベーグルに２種類のチーズを入れて焼きました。外からも中からもチーズがとろ〜りとけ出し、食べごたえがあります。ピリッときかせた黒こしょうもアクセントです。

チーズベーグル

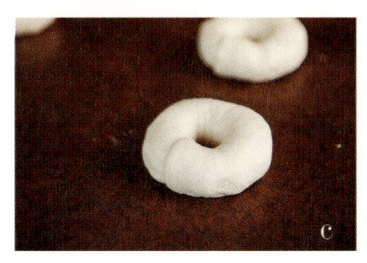

材料（4個分）

プレーンベーグル (P42) の材料 ＝ 全量
プロセスチーズ ＝ 60g
ピザ用チーズ ＝ 10g
黒こしょう（またはバジルなど）＝ 適宜

作り方

1 プレーンベーグル (P42) の **1〜4** と同様にして生地を作り、ベンチタイムをとる。

2 生地を楕円形に伸ばし、プロセスチーズをおく (a)。生地の表面がぷりんと張るよう、親指で押さえながら折り込んでいく (b)。

3 片方の端を平らにする。反対側の端を持って輪にして、平らにした部分で包み、ほどけないようにしっかりととじる。とじ目を下にして、あたたかい場所において2次発酵させる (c)。

4 鍋に湯を沸かし、モラセスを入れる。生地を入れ、片面20秒ずつゆでる (d)。

5 オーブンシートを敷いた天板にとじ目を下にして並べ、お好みで黒こしょう（またはバジルなど）をふり、ピザ用チーズをのせる (e)。

6 190℃に予熱したオーブンで20分焼く。

卵を使わず、限りなくフルフルに仕上げた豆乳プリン。材料を混ぜたら冷蔵庫で冷やし固める簡単レシピなので、思い立ったらすぐに作れます。お好みのソースをかけて召し上がれ。

豆乳プリン

材料（5個分）

豆乳 ＝ 400g
きび砂糖 ＝ 35g
ゼラチン ＝ 3.5g
塩 ＝ ひとつまみ

作り方

1. 鍋に豆乳、塩、砂糖を入れて混ぜる。
2. 鍋を火にかけ、沸騰直前にゼラチンを入れ、すぐによくかき混ぜる（ダマにならないようよく混ぜる）。
3. 茶こしでこしながら容器に入れ、粗熱が取れたら冷蔵庫で冷やす。食べる直前にソースをかけていただく。

＜プリンに添えるソース＞

● ラズベリーソース

材料
ラズベリー（冷凍）＝ 50g
水 ＝ 20g
きび砂糖 ＝ 10g
くず粉 ＝ 小さじ 1/2

● マンゴーソース

材料
マンゴー ＝ 50g
水 ＝ 30g
きび砂糖 ＝ 5g
くず粉 ＝ 小さじ 1/2

作り方

1. 小鍋にラズベリー（マンゴーソースの場合はマンゴー）、水、砂糖を入れ、火にかける。スプーンで果肉をつぶしながらなじませる。
2. 沸騰したら弱火にし、3分ほど煮る。くず粉を水小さじ1（分量外）で溶いて加え、再び沸騰するまでよく混ぜたらでき上がり。

● ジンジャーソース

材料
ジンジャーシロップ (P108) ＝ 50g
くず粉 ＝ 小さじ 1/2

作り方

1. 小鍋にジンジャーシロップを入れ、火にかける。沸騰したら弱火にし、くず粉を水小さじ1（分量外）で溶いて加える。再び沸騰するまでよく混ぜたらでき上がり。

野菜のディップ

パンに欠かせないディップを夏野菜でアレンジしたら大成功。クリームチーズのコクはそのままに、野菜の風味もしっかり活きています。あまったら冷蔵庫に入れて、早めに食べきってくださいね。

<ディップ1> なすのディップ

材料（作りやすい分量）

なす ＝ 中1本

クリームチーズ ＝ 80g

A ｜ ガーリックパウダー ＝ 小さじ1/4
｜ クミンパウダー ＝ 小さじ1/4
｜ 塩 ＝ 小さじ1/4（お好みで調整する）

黒オリーブ（刻む）＝ 2個

作り方

1. なすは皮をむき、やわらかくなるまで蒸す。粗熱が取れたらフードプロセッサーで攪拌し、Aを加える。
2. 1にクリームチーズを加え、よく混ぜる。器に盛り、黒オリーブをのせる。

<ディップ2> カリフラワーのディップ

材料（作りやすい分量）

カリフラワー ＝ 100g

クリームチーズ ＝ 70g

塩 ＝ 小さじ1/4

黒粒こしょう（粗く砕く）＝ 適量

作り方

1. カリフラワーは小房に分け、やわらかくなるまで蒸す。粗熱が取れたらフードプロセッサーで攪拌し、塩、クリームチーズを加えて混ぜる。
2. 器に盛り、黒こしょうをふる。

<ディップ3> トマトのディップ

材料（作りやすい分量）

ドライトマト ＝ 10g

クリームチーズ ＝ 100g

酵母トマトソース（P52）＝ 5g

オリーブオイル ＝ 小さじ1

ドライオレガノ ＝ ひとつまみ

作り方

1. ドライトマトは細かく切り、容器に入れる。湯大さじ1（分量外）を加え、ラップをかけて蒸らす。
2. トマトがやわらかくなったらお湯を捨て、オリーブオイル、オレガノを入れてしばらくおき、味をなじませる。トマトソース、クリームチーズを加えてよく混ぜる。

ごろごろ野菜と酵母トマトソースの
チーズ焼き／マリネ３種

暑さで食欲が落ちやすい夏だからこそ、野菜を食べて元気になりたいもの。具だくさんのチーズ焼きとマリネのプレートなら、いろいろな種類の野菜をペロッといただけます。酵母液を少し加えるだけでも、味に深みが出ておいしくなる気がします。

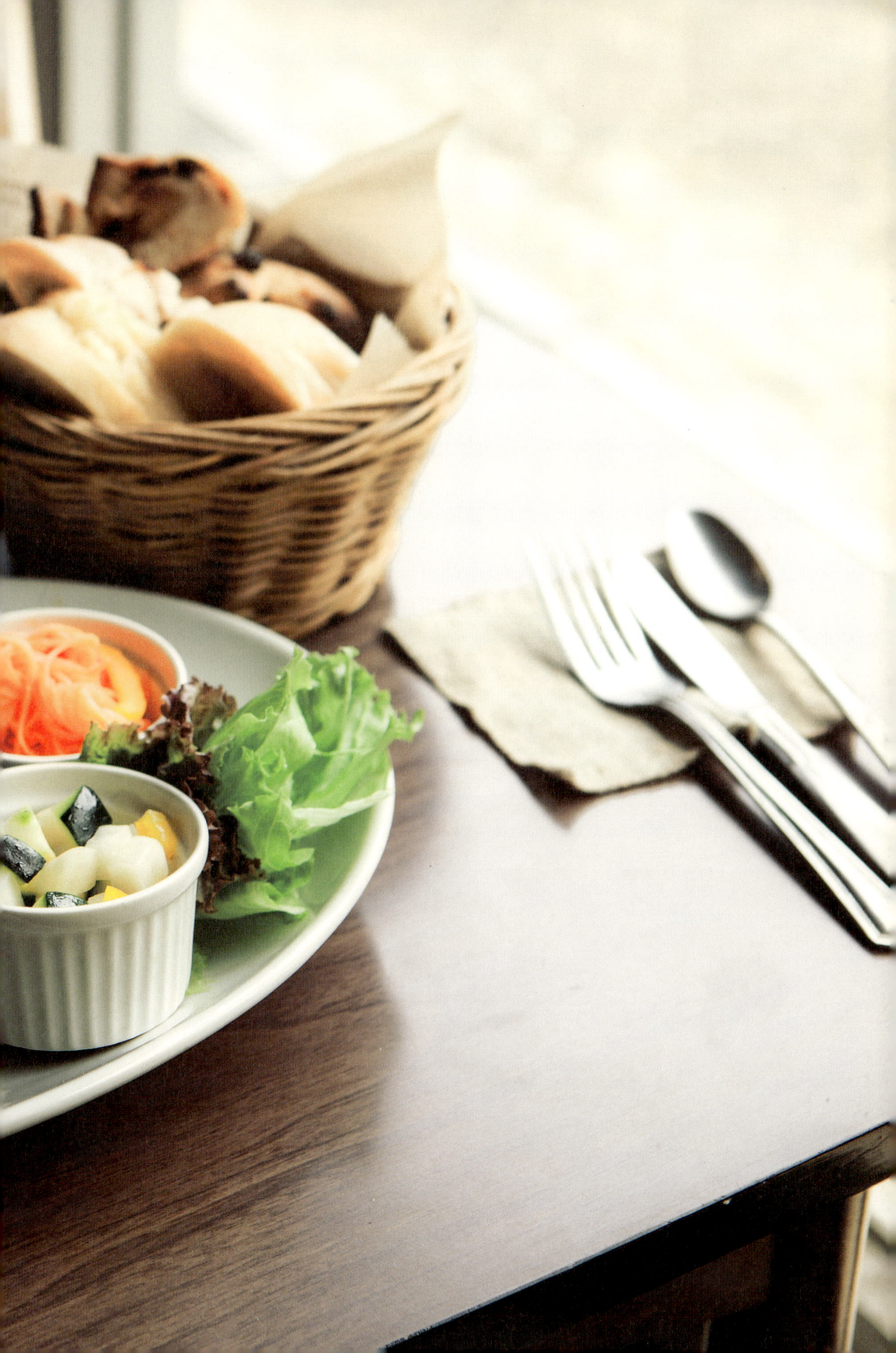

ごろごろ野菜と酵母トマトソースのチーズ焼き

材料（2人分）

れんこん、なす、ズッキーニ、かぼちゃ、ブロッコリー、まいたけ ＝ 各40g
かぶ ＝ 2個
オリーブオイル ＝ 大さじ2
にんにく ＝ 1かけ
ローリエ ＝ 2枚
塩 ＝ 小さじ1/2（お好みで調整する）
チーズ ＝ 適量
＜酵母トマトソース＞
トマト缶（カット） ＝ 1缶
酵母液 ＝ 大さじ1
塩 ＝ 小さじ1/4
ドライオレガノ ＝ 小さじ1

作り方

1. 野菜はすべてひと口大に切る。

2. 鍋にオリーブオイル、にんにくを入れて火にかけ、香りが出たらまいたけを炒める。れんこん、かぼちゃを加えて炒めたらふたをしめ、野菜が少しやわらかくなるまで弱火で蒸し煮にする。

3. 残りの野菜、塩、ローリエを加え、全体に油がまわるように混ぜ、ふたをして蒸し煮にする (a)。焦げそうな場合は少量の水（分量外）を加えて調整する。

4. 酵母トマトソースを作る。耐熱容器に材料をすべて入れ、電子レンジ（強）で10分加熱する。

5. 耐熱皿に3の野菜を入れ、4のトマトソース、チーズをかける (b)。220℃のオーブンで焦げ目がつくまで10分ほど焼く。

マリネ3種

● **基本のマリネ液**

材料（作りやすい分量）
酢 ＝ 大さじ4
酵母液 ＝ 大さじ1
メープルシロップ ＝ 小さじ1と1/2
塩、オリーブオイル ＝ 各小さじ1/4

作り方
1 ボウルに酢、酵母液を入れ、混ぜ合わせる。メープルシロップ、塩の順に加え、その都度よく混ぜる。
2 最後にオリーブオイルを加え、よく混ぜ合わせる。

＜マリネ1＞
にんじんのマリネ

材料（作りやすい分量）
にんじん ＝ 中1本
パプリカ ＝ 20g

作り方
1 にんじんは皮をむいてせん切りに、パプリカは薄切りにする。マリネ液に漬け、冷蔵庫で1時間ほどおいて味をなじませる。

＜マリネ2＞
かぶのマリネ

材料（作りやすい分量）
かぶ ＝ 中2個
ズッキーニ、パプリカ ＝ 各20g

作り方
1 かぶは小さめの角切りにする。塩（分量外）をふってしばらくおき、水気を絞る。ズッキーニ、パプリカは小さめの角切りにする。
2 マリネ液に漬け、冷蔵庫で1時間ほどおいて味をなじませる。

＜マリネ3＞
れんこんのマリネ

材料（作りやすい分量）
れんこん ＝ 200g
パプリカ ＝ 20g
ミニトマト ＝ 2個
黒オリーブ ＝ 4個

作り方
1 れんこんは薄切りにし、さっとゆでて水気をきる。ミニトマト、パプリカ、黒オリーブは小さく切る。
2 マリネ液に漬け、冷蔵庫で1時間ほどおいて味をなじませる。

かぼちゃの豆乳ポタージュ

かぼちゃのポタージュは、バターなしでも濃厚な味わいが特徴です。ポイントは玉ねぎをしっかり炒めて甘みを引き出すこと。野菜本来の甘みとうま味が引き立ちます。冷たく冷やして召し上がれ。

材料（4人分）

かぼちゃ ＝ 400g
玉ねぎ ＝ 1個
水 ＝ 400ml
豆乳 ＝ 100ml
太白ごま油 ＝ 小さじ1
塩 ＝ 小さじ1/2〜（お好みで調整する）

作り方

1 かぼちゃは種とわたを取り除き、ひと口大に切る。玉ねぎは薄切りにする。

2 鍋にごま油を熱し、玉ねぎ、塩ひとつまみ（分量外）を入れて強火で炒める(a)。鍋底に少し焦げ目がついてきたら水を数滴（分量外）加え、うま味をこそげ落とすように焦げと玉ねぎをなじませる(b)。この作業を数回繰り返し、玉ねぎがあめ色に近くなるまでよく炒める(c)。

3 玉ねぎを鍋の端によせ、かぼちゃを加える。かぼちゃがひたひたになるくらい分量の水を加え、全体があたたまったら残りの水を加える。かぼちゃがやわらかくなるまで煮て、火を止める。

4 3の粗熱が取れたらハンドミキサーで攪拌し、豆乳を加えて混ぜる。塩で味を調え、器に盛ってくるみ（分量外）を散らす。

「お子様プレート」はお店でも人気のメニュー。ひよこ豆のハンバーグは小さい子どもでも食べられるやわらかさで、豆のうま味がつまった栄養満点の一品です。大人用には大きく成形し、サルサソースなどを合わせて食べるのがお勧め。

ひよこ豆のハンバーグ

材料（子ども用8個分）

ひよこ豆 = 400g
玉ねぎ = 中1個
A │ タヒニ* = 30g
　│ みそ = 小さじ2
　│ クミンパウダー = 小さじ1/2
薄力粉 = 適量
塩 = 小さじ1/2
オリーブオイル = 大さじ1

下準備

ひよこ豆は4時間以上水に浸しておく。水を捨て、新しい水に替えて鍋に移す。塩ひとつまみ、ローリエ・オレガノ各適量（ともに分量外）を入れ、豆がやわらかくなるまでゆでる。

作り方

1. 玉ねぎはみじん切りにする。フライパンに油適量（分量外）をひき、玉ねぎ、塩を入れて炒める。

2. ゆでたひよこ豆をすりつぶし、1、Aを加えて混ぜ合わせる。小判型に成形し(a)、薄力粉をまぶす。

3. フライパンにオリーブオイルをひき、2を入れる。両面に焼き色がつくまで焼く。子ども用は小さく成形し、焼き上がったら半分に切ったプチトマト（分量外）をのせる。大人用を作る場合は大きめに成形して焼く。

*ギリシャ産の練りごま。ごまを煎らずにすりつぶすので、日本のものより濃厚な味。輸入食材店などで購入可能。

お子様プレートのメニュー

まるお (P20)

豆乳ミルク (P34)

ミルクジャム (P28)

にんじんのマリネ (P53)

サニーレタス

ヨーグルト

りんごジュース

鶏もも肉をスパイスたっぷりの調味液に漬けこんで焼きました。酵母液が鶏肉の臭みを取って、まろやかな味わいにしてくれます。パンにもごはんにも合う、男性も大喜びのスタミナ料理です。

酵母チキン

材料（作りやすい分量）

鶏もも肉（皮つき）＝2枚
酵母液＝15g
プレーンヨーグルト＝30g
ターメリック＝2.5g
ガラムマサラ、クミンパウダー＝各1g
塩＝5g
カイエンペッパー、こしょう＝各少々

作り方

1 バットに鶏肉を入れ、肉の厚い部分ははさみで切り目を入れる(a)。

2 別のバットに鶏肉以外の材料をすべて入れ、よく混ぜる(b)。1を加え、鶏肉と調味液をよくなじませる(c)。冷蔵庫に入れ、1時間以上ねかせる。

3 耐熱皿に鶏肉の皮目を上にしておく。210℃に予熱したオーブンで20分焼く。

4 鶏肉に竹串を刺し、火が通っていればでき上がり（肉汁が出てくればOK）。

酵母チキンは、サンドイッチの具にするのもお勧めです。ベーグルパン(P42)を半分に切り、レタスやにんじんのマリネ(P53)を一緒にはさんでどうぞ。ボリューム満点でランチにもぴったり！

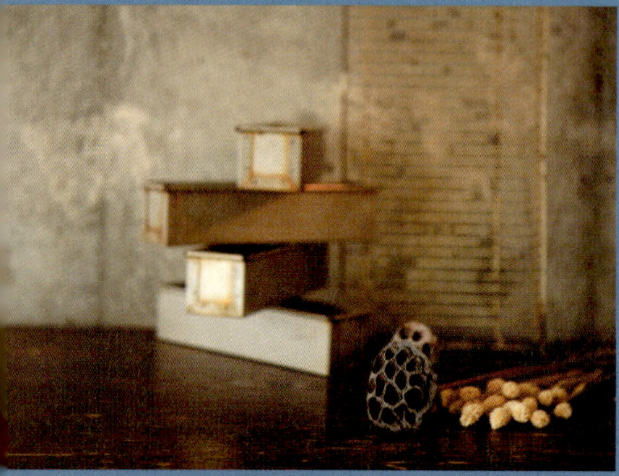

秋
Autumn

夕暮れが少しずつ早くなり、

空が高く感じるこの季節。

実りの秋には、食材も味わい深くなります。

レーズンやドライフルーツ、ナッツ類を入れて

作るパンは、秋の気分にぴったり。

家族と一緒に作りたくなるような、

なつかしい焼き菓子も紹介します。

ぶどう生地の作り方

レーズンの甘みがおいしいぶどう生地。そのまま焼いてもいいし、いろいろな具材を入れてもよく合います。

材料

強力粉 = 300g
水 = 120g
酵母液 = 60g
きび砂糖 = 15g
塩 = 4.5g
レーズン = 60g

作り方

1 ボウルに水、酵母液、砂糖、塩を入れて混ぜる。

2 別のボウルに強力粉を入れ、1、レーズンの半量を加えてざっくり混ぜる(a)。

3 ひとつにまとまってきたら生地を取り出し、台の上で前後に引き伸ばしながらこね(b)、まとまってきたら手のつけ根で押しごねする。

4 生地が少しなめらかになったら残りのレーズンを加え(c)、さらに6〜7分こねる。生地を薄く伸ばしたときに網状の膜ができたらこね上がり(d)。

5 ボウルに入れてラップをかけ、あたたかい場所に7〜8時間おく(e)。生地の大きさが2倍くらいになったら1次発酵終了。

クランベリー生地の作り方

甘酸っぱいクランベリーとカレンツを練りこんだ生地は、ぶどう生地と
ひと味違ったおいしさ。生地がほんのり赤くなるのもかわいいです。

材料

強力粉＝300g
水＝120g
酵母液＝60g
きび砂糖＝15g
塩＝4.5g
クランベリー＝40g
カレンツ＝20g

作り方

1 ボウルに水、酵母液、砂糖、塩を入れて混ぜる。

2 別のボウルに強力粉を入れ、1、クランベリーとカレンツをそれぞれ半量ずつ加えてざっくり混ぜる。

3 ひとつにまとまってきたら生地を取り出し、台の上で前後に引き伸ばしながらこね、まとまってきたら手のつけ根で押しごねする。

4 生地が少しなめらかになったら残りのクランベリーとカレンツを加え、さらに6〜7分こねる。生地を薄く伸ばしたときに網状の膜ができたらこね上がり。

5 ボウルに入れてラップをかけ、あたたかい場所に7〜8時間おく。生地の大きさが2倍くらいになったら1次発酵終了。

生地からひろがるおいしい仲間たち

ぶどう生地とクランベリー生地は、山形食パン (P12) の生地がベースになっています。ひとつの生地からいろいろな種類のパンができるのもパン作りの楽しいところ。ここで紹介する秋のパンも基本の生地からアレンジしています。パン作りに慣れたら、お好みの材料で試してみてください。

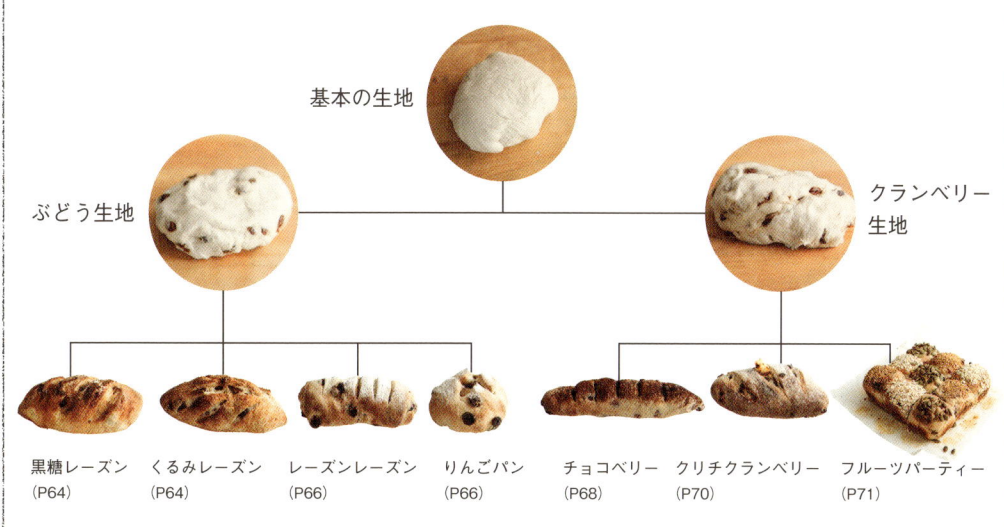

基本の生地

ぶどう生地　　　　　　　　　　　　　クランベリー生地

黒糖レーズン (P64)　くるみレーズン (P64)　レーズンレーズン (P66)　りんごパン (P66)　チョコベリー (P68)　クリチクランベリー (P70)　フルーツパーティー (P71)

黒糖レーズン／くるみレーズン

黒糖レーズンは、バターと黒糖の風味がおいしい一品。くるみレーズンはくるみと小麦胚芽の香ばしさがアクセントになっています。食事パンとしてもお勧めです。

黒糖レーズン

材料（5個分）

ぶどう生地 (P62) の材料 ＝ 全量
黒糖 ＝ 15g
発酵バター ＝ 10g

作り方

1. ぶどう生地 (P62) の **1〜5** と同様にして生地を作り、1次発酵させる。
2. 生地を取り出し、スケッパーで5分割（ひとつ約110g）する。やさしく丸め、15分ほどベンチタイムをとる。
3. 生地を丸くひろげ、真ん中にむかって上半分と下半分をそれぞれ2つ折りにする。表面が張るように親指で押さえながら、さらに半分に折り込む (a)。
4. オーブンシートを敷いた天板にとじ目を下にして並べ、濡れぶきんをかけて天板ごとビニール袋に入れ、あたたかい場所において2次発酵させる。
5. 生地が2倍の大きさになったら強力粉（分量外）をふり、クープを入れる。
6. 切れ目の上にバター、黒糖をのせる (b)。220℃に予熱したオーブンで12分焼く。

くるみレーズン

材料（5個分）

ぶどう生地 (P62) の材料 ＝ 全量
くるみ ＝ 100g
小麦胚芽 ＝ 適量

作り方

1. 黒糖レーズン（上記）の **1〜2** と同様にして生地を作り、ベンチタイムをとる。
2. 生地を楕円形にひろげ、真ん中にくるみをおく。くるみを包むように上から生地をたたみ、下からも包むようにしてたたむ。
3. さらに真ん中にくるみをおき、上から手前にむけて2つ折りにし (c)、とじ目をつまむ。小麦胚芽を全体にまぶす (d)。
4. オーブンシートを敷いた天板にとじ目を下にして並べ、濡れぶきんをかけて天板ごとビニール袋に入れ、あたたかい場所において2次発酵させる。
5. 生地が2倍の大きさになったらクープを入れる (e)。220℃に予熱したオーブンで12分焼く。

レーズンレーズン／りんごパン

レーズンの赤ワイン漬けをたくさん包んだレーズンレーズンは、ちょっと大人味でお酒にも合いそうです。りんごパンはきび砂糖でやさしく蒸し煮にしたりんごをいっぱい入れました。ぶどう生地によく合います。

レーズンレーズン

材料（4個分）

ぶどう生地（P62）の材料＝全量
レーズンの赤ワイン漬け＝80g

［レーズンの赤ワイン漬けの作り方］
レーズン（80g）をさっと湯に通し、赤ワイン（適量）に漬け込む

作り方

1 ぶどう生地（P62）の1〜5と同様にして生地を作り、1次発酵させる。

2 生地を取り出し、スケッパーで4分割（ひとつ約140g）する。やさしく丸め、15分ほどベンチタイムをとる。

3 生地を長方形にひろげ、手前と奥を少しあけてレーズンの赤ワイン漬けをおく。手前から巻き(a)、巻き終わりの生地をしっかりつまんでとじる。

4 オーブンシートを敷いた天板にとじ目を下にして並べ、濡れぶきんをかけて天板ごとビニール袋に入れ、あたたかい場所において2次発酵させる。

5 生地が2倍の大きさになったら強力粉（分量外）をふり、クープを入れる(b)。220℃に予熱したオーブンで15分焼く。

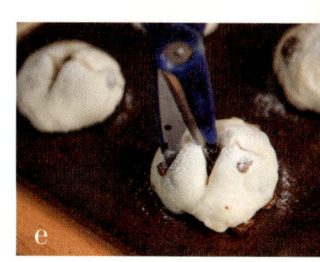

りんごパン

材料（7個分）

ぶどう生地（P62）の材料＝全量
りんご煮（P79）＝105g
シナモンシュガー＝適量

作り方

1 ぶどう生地（P62）の1〜5と同様にして生地を作り、1次発酵させる。

2 生地を取り出し、スケッパーで7分割（ひとつ約80g）する。やさしく丸め、15分ほどベンチタイムをとる。

3 生地を丸くひろげ、真ん中にりんご煮をおく。りんご煮を包むように生地を集め(c)、とじ目をしっかりとじる(d)。

4 オーブンシートを敷いた天板にとじ目を下にして並べ、濡れぶきんをかけて天板ごとビニール袋に入れ、あたたかい場所において2次発酵させる。

5 生地が2倍の大きさになったら強力粉（分量外）をふり、はさみで十字の切り込みを入れ(e)、シナモンシュガーをふる。220℃に予熱したオーブンで12分焼く。

細長い生地の中にはチョコとナッツがたっぷり。お散歩しながら食べられるスティック状に
成形しました。大人も子どもも大好きなおやつパンです。

チョコベリー

材料（5個分）

クランベリー生地 (P63) の材料 ＝全量
チョコチップ ＝75g
カシューナッツ ＝50g
カカオパウダー ＝適量

作り方

1 クランベリー生地 (P63) の**1〜5**と同様にして生地を作り、1次発酵させる。

2 生地を取り出し、スケッパーで5分割（ひとつ約110g）する。やさしく丸め、15分ほどベンチタイムをとる。

3 生地を細長く伸ばし、チョコチップを並べて包む (a、b)。カシューナッツも並べ、生地の表面が張るように親指で押し込みながら包んで棒状に成形する (c、d)。

4 オーブンシートを敷いた天板にとじ目を下にして並べ、濡れぶきんをかけて天板ごとビニール袋に入れ、あたたかい場所において2次発酵させる。

5 生地が2倍の大きさになったらカカオパウダーをふり、はさみで切り込みを入れる (e)。210℃に予熱したオーブンで12分焼く。

クリチクランベリー

クランベリーとクリームチーズの酸味が食欲をそそる組み合わせ。クープを入れた表面からチーズがちらりとのぞいておいしそうです。

材料（5個分）

クランベリー生地（P63）の材料＝全量
クリームチーズ＝50g

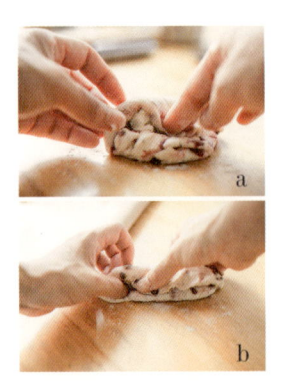

作り方

1. クランベリー生地（P63）の**1〜5**と同様にして生地を作り、1次発酵させる。

2. 生地を取り出し、スケッパーで5分割（ひとつ約110g）する。やさしく丸め、15分ほどベンチタイムをとる。

3. 生地を丸くひろげ、真ん中にクリームチーズをおく。上半分の生地でクリームチーズを包んで折り込み(a)、下半分も2つ折りにする。さらに半分に折り(b)、表面が張るように親指で押さえ、とじ目をつまんでとじる。

4. オーブンシートを敷いた天板にとじ目を下にして並べ、濡れぶきんをかけて天板ごとビニール袋に入れ、あたたかい場所において2次発酵させる。

5. 生地が2倍の大きさになったら強力粉（分量外）をふり、ナイフでクープを入れる。210℃に予熱したオーブンで13分焼く。

フルーツパーティー

ドライフルーツがたくさん入った、パーティーのように楽しいパンです。みんなでちぎりながら食べられるよう、9つに分けた生地を並べて焼きました。

材料（18×18×高さ4.5cmの型）

- 強力粉 ＝ 400g
- 水 ＝ 160g
- 酵母液 ＝ 80g
- きび砂糖 ＝ 20g
- 塩 ＝ 6g
- クランベリー ＝ 50g
- カレンツ ＝ 30g
- ドライあんず、ドライプルーン、ドライストロベリー ＝ 各9個
- かぼちゃの種、白ごま、オートミール ＝ 各適量

作り方

1. クランベリー生地（P63）の1〜5と同様にして生地を作り、1次発酵させる。

2. 生地を取り出し、スケッパーで9分割（ひとつ約90g）する。やさしく丸め、15分ほどベンチタイムをとる。

3. 生地をひとつずつひろげ、ドライフルーツを1個ずつおく。ドライフルーツを包むように生地を集め (c)、とじ目をしっかりとじる。

4. 型にオーブンシートを敷き、とじ目を下にして並べる (d)。濡れぶきんをかけて型ごとビニール袋に入れ、あたたかい場所において2次発酵させる。

5. 生地が2倍の大きさになったら、かぼちゃの種、白ごま、オートミールをのせる (e)。210℃に予熱したオーブンで20分焼く。

赤、黄、緑などカラフルな色はお野菜から。サクサクした食感のたまごボーロはお店でも大人気です。お好みのフレーバーでいろいろな種類を作ってみてくださいね。

朝日屋のたまごボーロ

● 材料（作りやすい分量）

発酵バター、薄力粉＝各120g
片栗粉＝180g
粉砂糖＝90g
卵黄＝3個分
フレーバー＝各2g
紫いもパウダー／モロヘイヤパウダー／かぼちゃパウダー／アールグレイ（茶葉）／インスタントコーヒー（粉末）

● 作り方

1　ボウルに室温に戻したバターを入れ、クリーム状になるまでよく混ぜる。粉砂糖を少しずつ加えながら混ぜ、卵黄も少しずつ加えて混ぜる。

2　片栗粉、薄力粉を加えて混ぜ、生地がまとまったら丸めてビニール袋に入れる。冷蔵庫に入れて1〜2時間休ませる。

3　生地を取り出し、スケッパーで6等分にする。それぞれの生地にフレーバーをよく練りこむ(a〜c)（ひとつはプレーン味のため、何も練りこまないでおく）。

4　直径1cmほどの棒状に伸ばし(d)、食べやすい大きさに切る(e)。オーブンシートを敷いた天板に並べ、170℃に予熱したオーブンで20分焼く。

全粒粉を使った、ちょっと固めの噛むほどにおいしいクッキーです。"がりんがりん"というかわいい名前は、一緒に作っていた娘がつけてくれました。

全粒粉のがりんがりん

🍞 材料（作りやすい分量）

全粒粉強力粉 ＝100g

ライ麦強力粉 ＝20g

薄力粉 ＝120g

発酵バター、きび砂糖 ＝各90g

はちみつ ＝15g

牛乳 ＝30g

🍞 作り方

1 ボウルに室温に戻したバターを入れ、クリーム状になるまでよく混ぜる。砂糖を加えて混ぜ合わせる (a)。

2 はちみつを加えて混ぜ、牛乳を少しずつ加えながらよく混ぜる (b)。

3 粉類を加えて混ぜ合わせ、生地がまとまったら冷蔵庫に入れて30分休ませる (c)。

4 生地を取り出し、3mm厚さに伸ばす (d)。丸型で抜き、フォークで穴をあける (e)。

5 オーブンシートを敷いた天板に並べ、180℃に予熱したオーブンで15分焼く。

酵母のスパイスりんごケーキ

シナモンやナツメグなどのスパイスがきいた生地に、ほんのり甘いりんご煮がよく合います。酵母の力でふくらんだ生地はしっとりと焼き上がります。スパイスの量を少なめに調整すれば子どももおいしく食べられます。

白サワー種の作り方

朝日屋ベーカリーのお菓子には、粉と水を混ぜて発酵させた酵母を多く使用しています。白サワー種と呼んでいて、発酵の力によってふくらんだお菓子は風味がよくなるのでお客様にも好評です。お店では粉と水だけで発酵させますが、ここではより発酵しやすい、酵母液を加えた作り方を紹介します。

<①>

材料（作りやすい分量）

強力粉 ＝ 150g
水 ＝ 110g
酵母液(P10) ＝ 10g

作り方

1. 煮沸消毒した広口のびんに、強力粉、水、酵母液を入れ、ゴムべらでよく混ぜる。ふたをしっかりしめ、あたたかい場所において発酵させる（1〜3日程度）。

2. 全体がふくらみ、気泡ができたら発酵終了。

最初はボソボソしている。作り始めはかたいので、粉と水をしっかり混ぜましょう。

かさが増えて、やや表面がなめらかになる。びんの上や側面から見て気泡ができていれば発酵終了。

<②>

材料（作りやすい分量）

①の種 ＝ 全量
強力粉 ＝ 450g
塩 ＝ 7g
水 ＝ 315g

作り方

1. ①の種に材料をすべて加え、ゴムべらでよく混ぜる。あたたかい場所において発酵させる（半日〜2日程度）。

2. 全体が大きくふくらみ、量が増える。種がもったりとして、表面がぷくぷくしたら完成。

①の種に粉と水を加えるので、一気にかさがアップ。粉っぽさが少し残っていてもOK。

全体がふくらんで、表面にたくさん気泡ができれば完成。どっしりとした重みがあって、酵母のよい香りがする。

酵母のスパイスりんごケーキ

材料（25.5 × 9 × 高さ 6.5cmのパウンド型）

白サワー種 = 90g
薄力粉 = 200g
発酵バター = 200g
塩 = 2g
黒糖、きび砂糖 = 各70g
卵 = 4個
りんご煮 = 200g

A | ココアパウダー = 40g
シナモンパウダー = 5g
ナツメグパウダー = 2g
クローブパウダー = 1g

作り方

1 ボウルに塩、室温に戻したバター、黒糖、きび砂糖を入れ、よくすり混ぜる。卵を少しずつ加えながらハンドミキサーで混ぜる (a)。白サワー種を加え、よく混ぜる。

2 別のボウルにりんご煮を入れ、分量の薄力粉を少々加えて和えておく。

3 1のボウルに残りの薄力粉をふるいながら少しずつ加え、その都度ゴムべらでよく混ぜて生地となじませる (b)。Aも加えてよく混ぜる。

4 型にオーブンシートを敷き、3を半量流し入れる (c)。りんご煮を全体にのせ (d)、上から残りの生地を流し入れる (e)。

5 常温で12時間ほどおき、発酵させる（夏場は6時間程度）。

6 生地がふくらんだら、160℃に予熱したオーブンで45分焼き、180℃に上げて5分焼く。竹串を刺して、生地がくっつかなければでき上がり。

＜りんご煮＞

材料（作りやすい分量）

りんご＝2個
塩＝ひとつまみ
きび砂糖＝大さじ2

作り方

1. りんごは皮つきのまま、2cm厚さのいちょう切りにする。

2. 鍋にりんご、塩、砂糖を入れて混ぜ、そのまま20分ほどおく(f)。

3. 2を火にかけ、5分ほど煮たら火を弱めてふたをしめ、蒸し煮にする。りんごに火が通ってやわらかくなったらでき上がり(g)。

レモンのさわやかな風味がどこかなつかしい感じのマドレーヌ。酵母と発酵バターで香り高く、深みのある味わいに仕上げました。

酵母のマドレーヌ

材料（6個分）

薄力粉 ＝ 150g
白サワー種 (P77) ＝ 100g
塩 ＝ 2.5g
きび砂糖 ＝ 130g
発酵バター ＝ 140g
卵 ＝ 3個
レモン汁 ＝ 1/2個分
バニラオイル ＝ 少々
レモンの皮（すりおろす）＝ 1/2個分

作り方

1. ボウルに塩、砂糖、室温に戻したバターを入れ、木べらですり混ぜる (a)。

2. レモン汁、卵、バニラオイルを加えて混ぜ合わせる (b)。白サワー種を加えたら、薄力粉をふるいながら少しずつ加え、全体が均一に混ざって、なめらかになるまで混ぜ合わせる (c)。

3. レモンの皮を加えてさっくり混ぜ (d)、マドレーヌ型に流し入れる (e)。常温で2〜5時間おき、発酵させる。

4. 生地がふくらんだら、170℃に予熱したオーブンで20分焼く。

パンとお菓子の中間のような食感が特徴のブリオッシュ。生地をじっくり発酵させて焼くので、
ひと味違うおいしさです。小さいカップにたくさん作ってプレゼントしても喜ばれるはず。

オレンジブリオッシュ

材料（直径8.5cm×高さ9cmのカップ2個分）

白サワー種 (P77) ＝150g
（でき上がりを一晩冷蔵庫でねかせたもの）
中力粉 ＝300g

A ｜ 塩 ＝5g
　 ｜ きび砂糖 ＝60g
　 ｜ 卵黄 ＝1個分
　 ｜ 全卵 ＝1個
　 ｜ 牛乳 ＝30g
　 ｜ 水 ＝80g

発酵バター ＝100g
オレンジピール ＝200g

作り方

1　ボウルにAを入れ、混ぜ合わせる。白サワー種、中力粉半量を加え、ハンドミキサーで混ぜる (a)。

2　残りの中力粉を少しずつ加えながら、ゴムべらで混ぜ合わせる (b)。

3　別のボウルにオレンジピールを入れ、薄力粉少々（分量外）を加えて和える。

4　室温に戻したバターを2に加えて混ぜる。3のオレンジピールも加え、よく混ぜ合わせる (c)。

5　4の生地を台の上に移し、スケッパーで2分割してやさしく丸める (d)。スプレーオイルを吹き付けたカップに6分目まで生地を入れ (e)、あたたかい場所に10～12時間おいて発酵させる。

6　生地が2.5倍くらいになったら、180℃に予熱したオーブンで30分焼く。

おひさまの下で味わう
朝日屋ベーカリーの特別メニュー

　東京・調布市で行なわれるイベントに、朝日屋ベーカリーはときどき出張しています。古道具、古本、器など……古きよき雑貨や家具が並ぶ大きな市場（マーケット）で、人気のパンや、この日のために考えたメニューをお出ししています。

　お店のパンを持っていくだけでは物足りなくて、冬は体があたたまるスープや蒸しパン、夏は冷たいドリンクなどを作りました。"外の空気を感じながら、おいしいパンを食べてひと息ついてほしい"という思いが伝わるととても嬉しいです。

　いつもと違う場所で多くの人に出会えるイベントは、私たちにとっても刺激的で新しい発見がいっぱい。会場にいらしたお客様がお店まで足を運んでくれたこともありました。

　ここでは、イベントの特別メニューとして、とっても好評だったレシピを紹介します。ぜひ試してみてください。

撮影／鈴木静華、朝日屋ベーカリー

酵母のみそ蒸しパン

肌寒い時期に恋しくなる蒸しパンに、発酵食品のみそをプラス。豆乳やメープルシロップの甘みと、みそのコクがよく合います。ふたをあけたときの湯気もごちそうです。

材料（4〜5個分）

薄力粉 ＝200g
豆乳 ＝120g
太白ごま油 ＝22g
メープルシロップ ＝20g
ホシノ天然酵母 ＝22g
きび砂糖 ＝100g
みそ ＝2.5g
塩 ＝2g

作り方

1 ボウルに薄力粉、砂糖、塩を入れ、混ぜ合わせる。

2 別のボウルに豆乳、ごま油、メープルシロップ、天然酵母、みそを入れてよく混ぜる。

3 1のボウルに2を少しずつ加え、よく混ぜ合わせる。あたたかい場所に4〜5時間おき、発酵させる。

4 生地がふくらんでぶくぶくしたら、オーブンシートを敷いた型に流し入れる。沸騰した蒸し器に入れ、20分ほど蒸す。竹串を刺して生地がくっつかなければでき上がり。

※型の代わりに、紙コップに6分目まで生地を入れて蒸してもよい

酵母のフライパンケーキ

天然酵母で作るパンケーキはふんわり大きくふくらみます。生地はもちもちの食感でボリュームも満点！　メープルシロップをかけてどうぞ。

材料（直径16cmのフライパン3〜4枚分）

薄力粉＝125g

A
- ホシノ天然酵母＝10g
- きび砂糖＝25g
- 卵＝1個
- 水、豆乳＝各30g

発酵バター＝18g
メープルシロップ＝適量

作り方

1　ボウルにAを入れてよく混ぜる。薄力粉をふるいながら加え、さっくり混ぜる。

2　1に溶かしたバターを加え、よく混ぜる。あたたかい場所に4〜5時間おき、生地が2倍の大きさにふくらんで表面がぷくぷくするまで発酵させる。

3　油（分量外）を敷いたフライパンに2を流し入れ、ふたをして弱火で焼く。焼き色がついたらひっくり返し、両面をじっくりと焼く。

4　竹串を刺し、生地がくっついてこなければでき上がり。メープルシロップをかけていただく。

根菜の豆乳シチューとライ麦スティックパン

秋野菜のシチューは、里いものとろみと野菜本来の甘みを活かしたシンプルな味つけに。
栄養満点で体の中からあたたまります。ライ麦パンとも相性抜群。

材料（4〜5人分）

玉ねぎ＝中1/2個
しめじ＝30g
里いも＝400g
A｜にんじん、ごぼう＝各50g
　｜れんこん、ブロッコリー＝各100g
水＝400ml
豆乳＝240ml
太白ごま油＝少々
ライ麦スティックパン＝4〜5本

作り方

1. 鍋にごま油を熱し、薄切りにした玉ねぎ、塩ひとつまみ（分量外）を加えてよく炒める。玉ねぎを鍋の端によせ、しめじ、塩ひとつまみ（分量外）を加えて炒める。
  野菜と一緒に塩をひとつまみ入れるとほんのり下味がつき、野菜の甘みも引き出します

2. 皮をむいた里いもを加えて全体に炒めたら、水を加える。ふたをしめ、里いもがやわらかくなるまで煮る。粗熱が取れたらハンドミキサーで攪拌し、豆乳を加える。

3. 別の鍋に水（分量外）を高さ3cmほど入れ、塩ひとつまみ（分量外）を加えて沸騰させる。ひと口大に切ったAの野菜類を加え、ふたをして蒸し煮にする。

4. 2の鍋に3を加えて混ぜ、塩（分量外）で味を調える。ライ麦スティックパンをつけながらいただく。

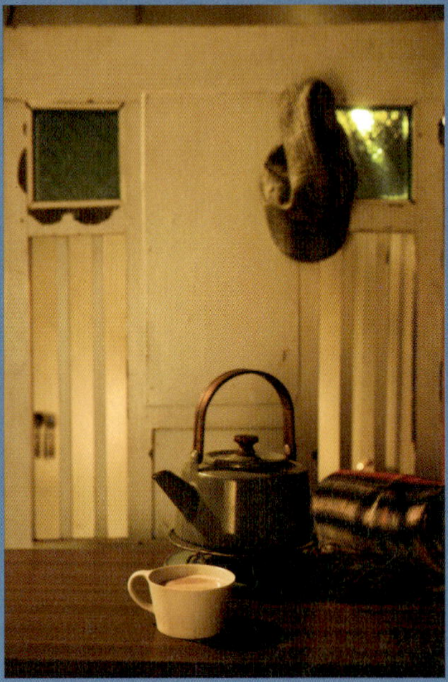

冬
Winter

冬になると、

素朴でやさしい味のパンが食べたくなります。

ライ麦酵母の深い香りと味わいは、

心も体もあたたまる暖炉のようなイメージ。

シンプルだけどほっとする、

寒い冬によく合うパンを紹介します。

ライ麦酵母のカンパーニュ

ライ麦酵母で作るカンパーニュは、一般的なライ麦粉のパンよりも酸味がやわらかく重すぎないのが特徴です。酸味のあるパンが苦手、という人にもお勧め。ライ麦酵母独特の素朴な風味を楽しめます。

ライ麦酵母の作り方

この章で紹介するパンは、ライ麦酵母で作ります。ぶどう酵母や白サワー種よりも茶色く、ボソボソしているのが特徴。粉をかけ継いで作るので少し時間はかかりますが、ライ麦独特の深い香りと味わいが楽しめます。

材料

<酵母おこし>
酵母液（P10）＝ 50g
強力粉 ＝ 40g
石臼挽き全粒粉 ＝ 10g
<かけ継ぎ1>
強力粉 ＝ 100g
ライ麦粉 ＝ 80g
水 ＝ 135g
<かけ継ぎ2>
強力粉 ＝ 150g
石臼挽き全粒粉 ＝ 120g
水 ＝ 120g

作り方

1. 煮沸消毒した大きめのびんに、酵母おこしの材料をすべて入れてよく混ぜる。ラップをかけ、室温で4〜5時間（冬場はさらに長くする）ほどおく。

2. 側面から見て気泡ができてきたら、かけ継ぎ1の材料を入れてよく混ぜる。ラップをかけ、室温で2〜3時間ほどおく。

3. ふたたび気泡ができてきたら、かけ継ぎ2の材料を入れてよく混ぜる。ラップをかけて室温におき、全体量が2倍くらいになって気泡がでてきたら完成。

最初は少量だが、よく混ぜて酵母をおこす。

見た目はあまり変わらないが、気泡ができてくる。

かけ継ぎ1。全体がしっかり混ざるよう、びんの底から混ぜるとよい。

はっきりとした気泡ができ、かさが増えてくる。

かけ継ぎ2。かけ継ぎ1と同様にしっかり混ぜる。最初に比べてかなり量が増える。

かさが2倍くらいに増え、気泡ができたら完成。パンに似たよい香りがする。

ライ麦酵母のカンパーニュ

🌱 材料（1個分）

強力粉 ＝600g
ライ麦酵母 (P90) ＝190g
水 ＝320g
塩 ＝10g
モラセス（糖蜜）＝6g

🌱 作り方

1 ボウルに水、塩、モラセスを入れ、混ぜながらモラセスを溶かす。

2 別のボウルに強力粉、ライ麦酵母を入れ、1を加えてざっくり混ぜる。

3 ひとつにまとまってきたら生地を取り出し、台の上で前後に引き伸ばしながらこね、まとまってきたら手のつけ根で6〜7分押しごねする。生地がなめらかになり、薄く伸ばしたときに網状の膜ができたらこね上がり。

4 ボウルに入れてラップをかけ、あたたかい場所に3〜4時間おく。生地が2倍くらいの大きさになったら1次発酵終了。

5 生地を取り出し、やさしく丸める(a)。濡れぶきんをかけ、20分ほどベンチタイムをとる。

6 かごに強力粉（分量外）をまんべんなくふる(b)。

7 5の生地をひろげ、2つ折りにし(c)、さらに2つに折って扇形にする(d)。

8 台の上で転がすようにしてやさしく丸め (e)、とじ目を上にしてかごに入れる (f)。ビニール袋に入れ、あたたかい場所に1時間～2時間半おく。

9 生地が2倍くらいの大きさになったら2次発酵終了 (g)。オーブンシートを敷いた天板にかごをひっくり返して生地を取り出す (h)。

10 ナイフで木の葉模様にクープを入れる (i)。

11 230℃に予熱したオーブンで20分、210℃に下げて10分、さらに200℃で10分焼く。

ライ麦酵母のカンパーニュと同じ生地で作ったマフィン。成形が違うと食感や風味も変わってくるので、食べ比べてみるのもおもしろいと思います。マフィンはしっとり、もっちりしていて、サンドイッチのパンにも最適です。

ライ麦マフィン

🥐 材料（4個分）

強力粉 ＝300g
ライ麦酵母 (P91) ＝95g
水 ＝160g
塩 ＝5g
モラセス（糖蜜）＝3g

🥐 作り方

1 ライ麦酵母のカンパーニュ (P92) の**1**～**4**と同様にして生地を作り、1次発酵させる。

2 生地を取り出し、スケッパーで4分割（ひとつ約140g）する。やさしく丸め、15分ほどベンチタイムをとる。

3 生地を丸く伸ばす。2つ折りにし(a)、さらに2つに折って扇形にする(b)。

4 端と端をつまみ、生地の表面を張るようにして折り込みながら丸め(c)、とじ目をつまんでとじる。

5 オーブンシートを敷いた天板にとじ目を下にして並べ、濡れぶきんをかけて天板ごとビニール袋に入れ、あたたかい場所において2次発酵させる。

6 生地が2倍の大きさになったら、天板の隙間に高さ5cmほどの金具を置き、オーブンシートをかぶせ(d)、別の天板をのせる(e)。

金具の代わりに缶詰の空き缶を使ってもよい

7 天板で挟んだまま、220℃に予熱したオーブンで14分焼く。

ドライあんずといちじくのぶどう煮をライ麦生地で包みました。赤ワインで煮たやわらかくジューシーないちじく。あんずはクリームチーズを組み合わせてコクを加え、オートミールの食感もプラス。甘みと酸味のバランスが絶妙です。

あんずクリームチーズ／いちじくのぶどう煮

材料（各4個分）

強力粉 ＝ 300g

ライ麦酵母（P91）＝ 95g

水 ＝ 160g

塩 ＝ 5g

モラセス（糖蜜）＝ 3g

※はちみつや黒砂糖でもOK

クリームチーズ ＝ 40g

ドライあんず、いちじくのぶどう煮 ＝ 各4個

オートミール ＝ 適量

作り方

1 ライ麦酵母のカンパーニュ（P90）の1～4と同様にして生地を作り、1次発酵させる。

2 生地を取り出し、スケッパーで8分割（ひとつ約70g）する。やさしく丸め、15分ほどベンチタイムをとる。

3 生地の真ん中を厚めにしてかるく伸ばす(a)。4つは真ん中にチーズを塗ってあんずをのせ、残りの4つは真ん中にいちじくのぶどう煮をのせる。

4 生地を持ち上げて具材を包んで丸め、しっかりととじる(b)。いちじくのぶどう煮は三角形になるように成形し、とじ目をつまんでとじる(c)。

5 オーブンシートを敷いた天板にとじ目を下にして並べ、濡れぶきんをかけて天板ごとビニール袋に入れ、あたたかい場所において2次発酵させる。

6 生地が2倍の大きさになったら、あんずクリームチーズの上にオートミールをのせ(d)、いちじくのぶどう煮は強力粉（分量外）をふってはさみで切り込みを入れる(e)。

7 220℃に予熱したオーブンで12分焼く。

[いちじくのぶどう煮の作り方]

いちじく大4個（100g）、赤ワイン40g、ぶどうジュース（果汁100％）60gを鍋に入れて火にかけ、煮立ったら汁気がなくなるまで煮つめる。

甘酸っぱいドライいちじくにくるみの食感がアクセント。食べやすくて朝食にもぴったりのパンです。生地を巻いたときにできる、端っこの渦巻きもかわいい。

いちじくとくるみ

🌰 **材料**（2個分）

強力粉 ＝300g
ライ麦酵母 (P91) ＝95g
水 ＝160g
塩 ＝5g
モラセス（糖蜜）＝3g
くるみ ＝60g
ドライいちじく ＝80g

🌰 **作り方**

1 ライ麦酵母のカンパーニュ (P92) の1〜4と同様にして生地を作り、1次発酵させる。

2 生地を取り出し、スケッパーで2分割（ひとつ約280g）する。やさしく丸め、15分ほどベンチタイムをとる。

3 生地を長方形に伸ばし (a)、細かく切ったドライいちじくを手前と奥側2cmずつあけて全体におき、くるみを砕きながら散らす (b)。手前から巻き (c)、巻き終わりの生地をしっかりつまんでとじる (d)。

4 オーブンシートを敷いた天板にとじ目を下にして並べ、濡れぶきんをかけて天板ごとビニール袋に入れ、あたたかい場所において2次発酵させる。

5 生地が2倍の大きさになったら、強力粉（分量外）をふってクープを入れる (e)。

6 220℃に予熱したオーブンで15分焼く。

豆乳やカカオパウダーの絶妙なバランスで、濃厚だけどさっぱりした味わいのブラウニー。生クリームやバターを使っていないけれど、生チョコのようなしっとした食感に焼き上がります。

豆乳ブラウニー

材料（18 × 18 ×高さ 4.5 cmの型）

薄力粉 ＝240g

きび砂糖 ＝160g

カカオパウダー ＝120g

A
  酵母液（P10）＝30g
  豆乳 ＝260g
  太白ごま油 ＝100g
  メープルシロップ ＝100g
  バニラオイル ＝10g

ピスタチオ（粗く刻む）＝適量

作り方

1 ボウルに薄力粉をふるって入れ、砂糖、カカオパウダーを加えて泡だて器で混ぜる (a)。

2 別のボウルにAを入れ、よく混ぜ合わせる。

3 1のボウルに2を加え (b)、ゴムべらで混ぜ合わせる (c)。オーブンシートを敷いた型に流し入れ (d)、常温で30分〜1時間おき、発酵させる。

4 ピスタチオを全体に散らし (e)、170℃に予熱したオーブンで30分焼く。

チョコとみそ、不思議な組み合わせに感じますが、意外と相性がいいんですよ。みその豊かなコクで味に深みが加わります。コーヒー、紅茶のほか、日本茶も合いそうです。

チョコみそマフィン

🍫 材料（底径5cm×高さ3cmのマフィン型6個分）

薄力粉 ＝ 75g
ベーキングパウダー ＝ 6g
カカオパウダー ＝ 22g
きび砂糖 ＝ 45g
A ｜ メープルシロップ ＝ 13g
｜ 太白ごま油 ＝ 13g
｜ 豆乳 ＝ 100g
｜ みそ ＝ 10g

🍫 作り方

1 ボウルに薄力粉をふるって入れ、砂糖、ベーキングパウダー、カカオパウダーを加え、泡だて器で混ぜる (a)。

2 別のボウルにAを入れ、よく混ぜ合わせる (b)。

3 1のボウルに2を加え (c)、ゴムべらで混ぜ合わせる (d)。ベーキングカップを型に敷き、流し入れる (e)。

4 170℃に予熱したオーブンで30分焼く。

かぼちゃのタルト

グリンピースのタルト

ライ麦のタルト

ライ麦粉を使ったひと口サイズのタルトは、食べやすくて見た目もかわいいのでお店でも人気のスイーツです。フィリングはアーモンドクリームに野菜やフルーツなどを混ぜて4種類。色鮮やかで素材の甘みも感じられます。お好みの食材で試してみてください。

チョコタルト

いちじくのタルト

ライ麦のタルト

＜タルト生地＞

🍯 材料（直径5.5cmのタルト12個分）

発酵バター＝100g
きび砂糖＝80g
卵黄＝2個分
塩＝ひとつまみ
A｜全粒粉強力粉＝70g
　｜薄力粉＝100g
　｜ライ麦強力粉＝30g

🍯 作り方

1. ボウルにバターを入れ、塩を加えて角が立つまでハンドミキサーで混ぜる(a)。

2. 砂糖を少しずつ加え、混ぜる。卵黄も加え、混ぜ合わせる。

3. Aの粉類は混ぜ合わせ、2のボウルに少しずつふるいながら加える。ゴムべらで粉っぽさがなくなるまで混ぜる(b)。

4. 生地をビニール袋に入れ、棒状に形を整える(c)。冷蔵庫に入れ、一晩ねかせる。

5. 生地を取り出し、12等分する。型に生地がぴったりとつくように生地を敷きつめる(d)。冷蔵庫で1時間ねかせる。

6. 生地の底にフォークで穴をあける(e)。180℃に予熱したオーブンで10分焼く。

＜フィリング＞

- 材料（12個分）

    ＜アーモンドクリーム＞
    きび砂糖 ＝ 45g
    発酵バター ＝ 50g
    卵 ＝ 1個
    薄力粉 ＝ 30g
    アーモンドプードル ＝ 40g
    プレーンヨーグルト ＝ 20g

    ＜フィリング＞
    かぼちゃ（蒸してつぶす）、グリンピース（ゆでてつぶす）、ラム酒漬けいちじく（細かく刻む）＝ 各20g
    チョコチップ ＝ 20g
    カカオパウダー ＝ 3g

- 作り方

    1　アーモンドクリームを作る。ボウルにバターを入れ、ハンドミキサーでクリーム状になるまで混ぜる。砂糖を少しずつ加え、その都度よく混ぜる。

    2　室温に戻した卵を少しずつ加え、その都度よく混ぜる。アーモンドプードル、薄力粉を加え、ゴムべらでさっくりと混ぜ合わせる。ヨーグルトを加えて混ぜる。

    3　かぼちゃ、グリンピース、いちじくのフィリングは、2のアーモンドクリームを60gずつ混ぜ合わせる (f)。チョコチップとカカオパウダーは、アーモンドクリーム60gと混ぜ合わせる。

    4　タルト生地にフィリングを入れる (g)。170℃に予熱したオーブンで20分焼く。

焼き上がったタルトは十分に冷ましてから、クープナイフなどで周囲をひと回りさせて取り出す。

冬にぜひ作ってほしいのがジンジャーシロップ。しょうがとスパイスをじっくり煮つめたシロップは豆乳や紅茶に入れたり、ドレッシングや肉の煮込み料理に加えたりといろいろ使えて便利です。しょうがの力で体を芯からあたため、寒さを吹き飛ばしましょう。

ジンジャーシロップ

材料（作りやすい分量）

水＝2ℓ
しょうが＝1kg
きび砂糖＝1.5kg
ホワイトペッパー（粒）＝60粒
シナモンスティック＝5～10本（お好みで調整する）
カルダモン（粉末）＝10g
クローブ＝20g
レモングラス（袋に入れる）＝15g
レモン汁＝2個分

作り方

1. しょうがはよく洗い、皮ごとフードプロセッサーで細かく攪拌する（またはすりおろす）。
2. 大きめの鍋に**1**、砂糖を入れて1時間ほどおく(a)。
3. **2**に水、スパイス類を入れ、中火にかける(b)。アクが出たらその都度取り除く。
4. 中火で1時間煮込み、レモン汁を加えて混ぜる。
5. 大きめのボウルの上にざるをおき、**4**を流してこす(c)。
6. **5**を鍋に戻し入れて火にかけ、沸騰させる（吹きこぼれないよう注意）。沸騰したら中火にし、20分煮込む。
7. 煮沸消毒したびんに入れる(d)（冷蔵庫で3か月ほど保存可能）。

シロップをこしたあとのジンジャーも香りとうま味が残っているので、パン生地に練り込んだり、料理に混ぜたりして使えます。冷蔵庫で3か月ほど保存できるので、捨てずに保存容器に入れて活用してください。

ソイジンジャー

材料（1杯分）

豆乳＝180ml
ジンジャーシロップ＝大さじ2

作り方

あたためた豆乳（スチーマーであたためてもOK）に、ジンジャーシロップを加えて混ぜる。

おわりに

私たちの一日は、「おはよう」の挨拶と朝の体操から始まります。体と心を目覚めさせ、今日も元気にお客様にお会いできるように。

朝日屋ベーカリーには、毎日いろんなお客様がいらっしゃいます。食物アレルギーがあるけどパンが食べたい、ダイエット中だけどパンやお菓子が好き。そんな方たちの思いにも応えられるよう、この本でも卵やバターを使わず、アレンジしやすいレシピをたくさん紹介しました。

レシピの主役はおいしい素材。おいしい食べ物はおなかも心も豊かにしてくれます。みなさんが心をこめてパンやお菓子を作るとき、きっと特別な味わいの"日常のなかのごちそう"になるのではないかと思います。

最後に、この本に力いっぱい取り組んでくださった制作スタッフの方々、いつも朝日屋ベーカリーを支えてくださる友人や関係者のみなさん、明るい笑顔でお店を盛り上げてくれる児玉英子さん、本当にありがとうございました。そして、この本を手にとってくださった方に心から感謝します。

この本がパン作りを楽しむみなさんのお手伝いとなれば幸せです。

今日も元気に「おはよう」から始めましょう！

朝日屋ベーカリー
松尾亜希子

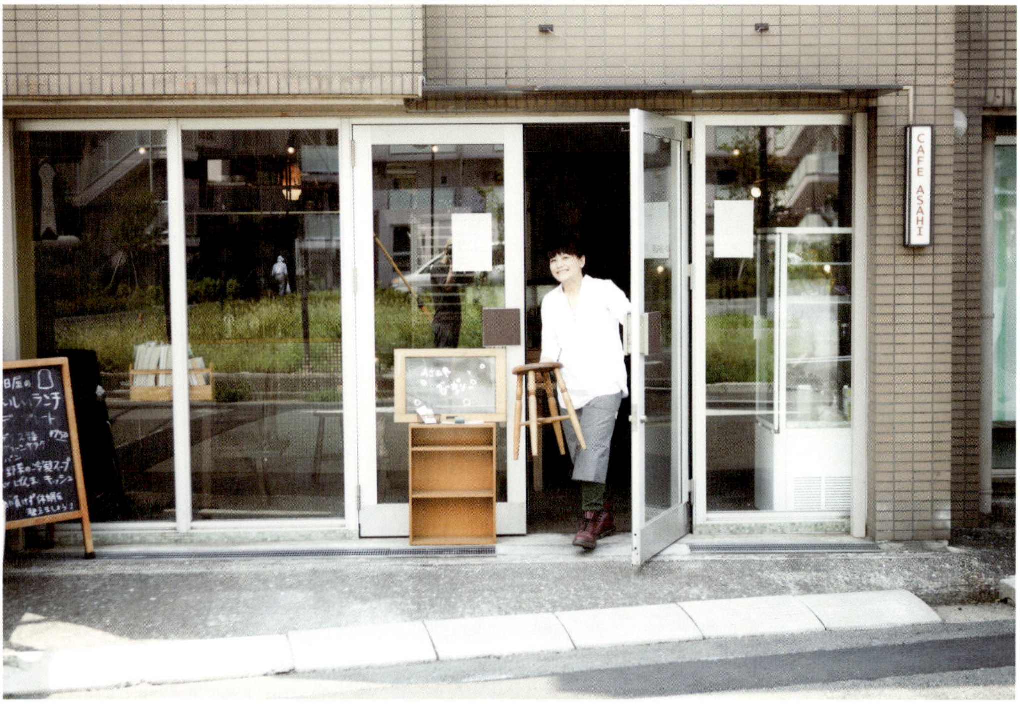
CAFE ASAHI

朝日屋ベーカリー

東京・調布市にある自家製酵母のベーカリーカフェ。天然酵母、北海道産小麦など、こだわりの材料を使ったパンは、香り高くもっちりとした食感で毎日食べても飽きないおいしさ。また、カフェスペースでは季節の野菜を使った料理やお菓子、ドリンクなどが楽しめる。店内には、オーナーの松尾亜希子さん(写真右)が選んだレトロな雑貨や家具が飾られ、あたたかい雰囲気がただよう。パン作りを学べる「朝日屋学校」を開いたり、イベントなどにも出店している。

朝日屋ベーカリー
東京都調布市国領町 3-13-11-103
Tel 042-486-7707
http://asahiya.petit.cc/
営業時間／7:00 〜 19:00（平日）
　　　　　7:00 〜 17:00（土日祝）
定休日／火曜〜木曜日

朝日屋ベーカリーの四季の天然酵母パン

2013 年 10 月 31 日 初版第 1 刷発行

著　者　朝日屋ベーカリー
発行者　中川信行
発行所　株式会社マイナビ
　〒 100-0003　東京都千代田区一ツ橋 1-1-1　パレスサイドビル
　TEL 048-485-2383（注文専用ダイヤル）
　03-6267-4477（販売部）
　03-6267-4403（編集部）
　URL http://book.mynavi.jp

印刷・製本　大日本印刷株式会社

○定価はカバーに記載してあります。
○落丁本、乱丁本はお取り替えいたします。お問い合わせは TEL：048-485-2383（注文専用ダイヤル）、または電子メール：sas@mynavi.jp までお願いいたします。
○内容に関するご質問は、出版事業本部編集第 2 部まではがき、封書にてお問い合わせください。
○本書は著作権法上の保護を受けています。本書の一部あるいは全部について、著者、発行者の許諾を得ずに無断で複写、複製（コピー）することは禁じられています。

ISBN 978-4-8399-4891-7
©2013 ASAHIYA BAKERY
©2013 Mynavi Corporation
Printed in Japan

Staff

レシピ制作　　松尾亜希子、児玉英子
スタイリング　朝日屋ベーカリー
撮影　　　　　藤田二朗
デザイン　　　高市美佳
校正　　　　　西進社

Special thanks

清美美折、佐野佳世子、中島剛、島田正史、山下味希恵、Minako&Akemi、The 5、6、7、8's、YOUNG SOUL REBELS、Asagaya ＊Sugar Moon＊、kobosavon、ump hair design、間宮哲、デリースのおじさん

故郷の根室と根室のみんな、
それから 2 人の娘に感謝を込めて